13 인지행동치료 스펙트럼 시리즈

COGNITIVE
BEHAVIOR
THERAPIES

정서도식치료

인지행동치료 스펙트럼 시리즈 | COGNITIVE BEHAVIOR THERAPIES 13

정서도식치료

Robert L. Leahy 저 | 김은진 · 민병배 공역

학지사

발간사

인지행동치료(cognitive behavior therapies)는 견고한 이론적 기반과 풍성한 치료적 전략을 갖추고 있는 과학적으로 검증된 심리치료 체계다. 이론적으로 인지행동치료는 비록 모든 사람이 타당성이 결여된 비논리적인 생각 혹은 유용성이 부족한 부적응적인 생각을 품을 때가 있지만, 특히 심리장애를 지니고 있는 내담자의 경우에는 왜곡된 자동적 사고가 그에 뒤따르는 감정과 행동 및 대인관계에 미치는 역기능이 현저하기 때문에 문제가 된다고 가정한다. 치료적으로 인지행동치료는 구체적인 문제 분석, 지속적인 자기관찰, 객관적인 현실 검증, 구조화된 기술 훈련 등을 통해 내담자가 자신의 마음을 바라보고 따져 보고 바꾸고 다지도록 안내하는 일련의 과정으로 진행된다. 인지행동치료자는 내담자가 구성한 주관적 현실을 검증해 볼 만한 하나의 가설로 받아들인 뒤, 협력적 경험주의에 근거하여 내담자와 함께 그 가설의 타당성과 유용성을 검토하는 정교한 작업을 수행한다.

인지행동치료는 발전을 거듭하고 있다. 인지행동치료는 정신
병리의 발생 원인과 개입 방향을 전반적으로 설명하는 총론뿐만
아니라 심리장애의 하위 유형에 따라서 구체적으로 변용하는 각
론을 제공하기 때문에 임상적 적응증이 광범위하다. 아울러 인
지의 구조를 세분화하여 자동적 사고 수준, 역기능적 도식 수준,
상위인지 수준에서 차별적으로 개입할 수 있는 위계적 조망을
제시하기 때문에 임상적 실용성이 향상되었다. 또한 변화와 수
용의 변증법적 긴장과 균형을 강조하는 현대 심리치료의 흐름을
반영하는 혁신적 관점을 채택하기 때문에 임상적 유연성이 확보
되었다. 다만 이렇게 진화하는 과정에서 인지행동치료를 협의가
아닌 광의로 정의할 필요가 발생했는데, 이것이 서두에서 인지
행동치료의 영문명을 단수가 아닌 복수로 표기한 까닭이다. 요
컨대, 현재 시점에서 인지행동치료를 제대로 정의하기 위해서는
내용과 맥락이 모두 확장된 스펙트럼으로 간주하는 것이 바람직
하다.

　이번에 출간하는 인지행동치료 스펙트럼 시리즈는 전술한 흐
름을 적절히 반영하고 있다. 독자 입장에서는 인지행동치료
의 대명사인 Beck(인지치료)과 Ellis(합리적 정서행동치료)의 모

형, 성격장애 치료에 적합하게 변형된 Young(심리도식치료)과 Linehan(변증법적 행동치료)의 모형, 제3세대 인지행동치료로 불리는 Hayes(수용전념치료)의 모형 등의 공통점과 차이점을 이론적 및 실제적 측면에서 세밀하게 조명할 수 있는 기회가 될 것이다. 아울러 메타인지치료, 기능분석치료, 행동활성화치료, 자비중심치료, 마음챙김 인지치료, 구성주의치료 등 각각이 더 강조하고 있거나 덜 주목하고 있는 영역을 변별함으로써 임상 장면에서 만나는 다양한 내담자에게 가장 유익한 관점과 전략을 채택하는 데 도움이 되리라 여긴다. "Beck은 현실에 맞도록 이론을 변화시키려는 경향이 강했다."라는 동료들의 전언이 사실이고, 인지행동치료의 기본 전제를 수용하면서 통합적 개입을 추구하는 심리치료자라면 인지행동치료 스펙트럼 시리즈에 관심을 보일 만하다.

인지행동치료 스펙트럼 시리즈 역자 대표

유성진

—

역자 서문

　이 책은 인지행동치료(Cognitive Behavioral Therapy: CBT) 접근
중 하나인 정서도식치료(Emotional Schema Therapy: EST)의 이론
적 모델을 설명하고, 정서도식을 수정하기 위한 치료적 개입과
전략을 소개하고 있다. 이 책의 저자인 Robert L. Leahy 박사는
각자의 정서 경험을 이해하고 수용하는 것이 삶의 필연적인 과
정인 고통과 역경 속에서도 다채롭고 풍부한 삶을 살아가는 데
핵심 요소임을 알려 준다.

　제3동향의 인지행동치료에서는 정서를 불러일으키는 생각의
내용보다는 개인이 생각 및 정서와 맺는 관계에 더 초점을 맞추
며, 심리적인 어려움의 해결과 변화를 위하여 내적 경험의 수용
을 강조한다. 정서도식치료는 특히 정서에 대해 어떻게 생각하
고 반응하는지를 알아차리고 이에 새롭게 대처할 수 있도록 돕
는다. 우리는 아동기, 성인, 부모에 이르기까지 일생 동안 지속
되는 감정 경험에 대한 평가와 반응으로서의 '정서도식'을 구성

한다. 여기서 자동적으로 유발되는 감정을 위험한 것으로 보지 않고 진화적 적응의 가치를 지니며, 자신의 욕구와 가치를 알려 주는 것으로 정상화하고 타당화하는 것이 필요하다. 왜냐하면 삶의 목표는 좋은 것이 아니라 모든 것을 느끼면서 그 의미를 찾 아가는 것이기 때문이다. 호기심을 갖고 다양한 감정을 탐색하고 허용함으로써 자기 삶의 더 큰 의미와 접촉하는 것이 풍요로 운 삶을 맞는 길임을 알 수 있다.

역자는 심리상담자로서 임상 현장에서 수많은 내담자를 만나 왔다. 이들은 망망대해 한가운데에서 풍랑을 만나 겁에 질려 눈을 감아 버렸다가 키를 놓치는 바람에 파도에 휩쓸려 안간힘을 쓰다가 기진맥진한 상태로 상담실을 찾아온다. 역자 또한 삶에서 좌절과 상실의 고비마다 맞닥뜨린 충격과 비통함 때문에 머물지 못하고 휩쓸릴 때가 많았다. 문제 해결에 급급해 감정을 억압하면서 더욱 거센 파도가 덮칠까 두려움에 갇히는 악순환을 경험하였다. 어떻게 이런 좌절과 두려움의 파도를 피하지 않고 다시 인생의 바다로 나아갈 수 있을까를 고민하던 중 만난 Robert L. Leahy 박사님의 정서도식치료는 내 인생 항로의 항해사로서, 또한 내담자들이 자신의 항해를 계속할 수 있도록 도와주는 심리상담자로서 항로에 빛을 밝히는 등대가 되어 주었다. 정서도식치료는 겁에 질려 지친 내담자들이 또다시 풍랑에 휩쓸리지는 않을까 하는 두려움에 눈을 감지 않도록, 파도가 오는 신호를 알아차리고는 키를 잡고서 파도에 맞설 수 있도록, 파도의 위엄을 경이롭게 바라보면서 지나갈 수 있도록, 다시 따스한 햇

살을 느낄 수 있도록, 이를 기억하고 또다시 항해를 시작할 수 있도록 도와줄 수 있음을 친절하게 안내하고 있다. 역자는 이 책을 통해서 이 감정은 통제할 수 없다거나 영원히 지속될 거라는 생각이 죄책감, 수치심, 불안감과 같은 2차 감정을 불러일으켜서 고통스러운 감정이 증폭되는 것이 곧 심리적 어려움의 핵심 과정임을 알게 되었고, 겹겹이 쌓인 경험의 역사를 배경으로 감정을 이해하고 수용하면서 새로운 길을 탐사하고 나아가는 데 시도할 수 있는 여러 기법과 전략을 배웠다.

역자가 처음 정서도식치료를 접하게 된 계기는 한국인지행동치료학회에서 주관한 2018년 정서도식치료 워크숍 때였다. Leahy 박사님의 강연을 통해 지금까지 역자가 책으로 그리고 심리치료 분야의 스승들에게 배워 온 수많은 심리치료 이론과 기법, 특히 마음챙김 기반 인지행동치료, 수용전념치료, 자비중심치료 등 3세대 인지행동치료를 망라한 여러 접근이 정서를 중심으로 통합되어 정리가 되었다. 명료하고 쉬운 설명에 매료되어 이를 현장에서 적용해 보고자 Leahy 박사님의 저서들을 찾아보던 중 정서도식치료의 핵심이 일목요연하게 정리된 원서를 발견하고 반가운 마음에 번역을 결심하게 되었다.

이 책의 초벌 번역은 역자가 맡았고, 공동 역자인 마음사랑인지행동치료센터 민병배 소장님께서 독자들이 쉽게 읽을 수 있도록 번역문을 매끄럽게 다듬고 수정해 주셨다. 인지행동치료와 정서도식치료에 대한 이해가 깊고 언어적인 전달에 탁월한 재능이 있으신 민병배 소장님 덕분에 저자가 전달하고 싶은 원문의

메시지를 그대로 담으면서도 한국 독자들이 읽기 쉽게 모든 문
장이 다듬어졌다. 수정 과정에 심혈을 기울여 주신 소장님께 이
자리를 빌려 진심으로 감사 인사를 드린다. 심리치료와 정신건
강 분야에서, 또한 삶의 현장에서 상처 받은 마음을 회복하고 삶
으로 나아가기 위해 고민하는 많은 독자에게 이 책이 등불이 되
어 삶의 여정을 밝힐 수 있기를 진심으로 바란다. 마지막으로 이
책의 번역 출판을 허락하고 모든 편집 과정을 도와주신 학지사
의 김진환 사장님과 소민지 대리님, 박선민 대리님께도 감사의
말씀을 전한다.

2020년 9월
대표 역자 김은진

차례

$2_{부}$

정서도식의 수정

1부

정서도식 모델

01

인지에서 정서로

내가 정서도식에 대한 한 모델을 개발하는 데까지 어떻게 이르게 되었는지를 회고해 보면 심리치료에 관한 나의 생각과 감정이 밟아 온 긴 여행이 떠오른다. 동시대의 다른 많은 사람처럼 나는 프로이트가 쓴 거의 모든 책을 읽으면서, 심지어 로르샤하 잉크반점과 다른 투사법 검사들에 대한 나의 해석이 내가 평가한 사람들 영혼의 후미진 곳에 빛을 비출 것이라고 상상하면서 정신분석학적 사고에 매료된 견습생으로 여행을 시작했다. 나는 학부에서 3년간 영문학을 전공했는데 이는 내가 서양 문학의 위대한 전통, 내게 있어서는 특별한 성질의 비극적 관점에 노출되었다는 것을 의미했다. 나를 매료시킨 것은 셰익스피어뿐 아니라 그리스 문학의 비극 장르와 그 안에 담긴 귀족과 권력자들도 피할 수 없는 비운의 메시지였다. 나는 우나무노가 묘사한 비극적 관점과 도스토옙스키 소설 속 인물의 복잡성과 운명에 매료되었다. 정신분석학적 사고는 나를 사로잡은 문화적 힘과 잘 어울리는 것처럼 보였고, 모든 것에 답을 가지고 있는 것 같았다.

그러나 대학원 생활의 현실이 밀려왔고, 나는 정신역동적 치료의 효과와 정신진단적 검사의 신뢰도 부족에 대한 그 시기의 제한적인 연구논문들을 더 많이 읽기 시작했다. 그 결과들은 실로 황량했으며, 나는 그 분야에 대한 매력을 잃어 가다가 결국 환멸을 느끼게 되었다. 나는 당시에 성장하고 있던 사회인지 이론으로 관심을 돌렸다.

사회인지 연구는 우리가 채택하는 도식에 의한 지각이나, 귀인 양식에 따른 수행의 설명이나, 우리가 관찰하는가 행동하는가에 따라 달라지는 특질의 추론에서 종종 편향이 나타난다는 것을 입증했다. 예를 들어, 우리는 우리가 관찰하는 사람의 행동을 특질로 설명하는 반면, 우리 자신의 행동은 구체적 상황으로 설명하는 경향이 있는데, 이를 '행위자-관찰자' 편향이라고 부른다. 이러한 사회심리학적 전통은 상당 부분 Heider(1958)의 초기 연구와 1970년대와 1980년대의 다른 후속 연구자들을 계승한 것이다. Weiner가 발전시키고 Seligman, Alloy 및 Abramson이 후에 우울에 적용한 귀인 모델은 우리가 타인의 의도와 다른 심리적 과정을 추론하는 데 사용하는 과정을 기술한 사회인지 분야의 직접적인 결과물이었다. 이는 사회인지 분야의 토대였고, 오늘날 '마음 이론'이나 '메타인지' 같은 다른 이름으로 불리고 있지만 사회심리학의 초기 연구로부터 영감을 받은 것이다. 같은 시기에 나는 피아제가 발전시킨 구성주의 모델의 영향을 받은 발달 사회인지 연구에 참여하고 있었다. 나의 모델은 사람들은 종종 발달 순서에 따라 자신의 사회 경험의 측면들을 '구성'한다는 것이었다. 나는 아이들과 어른들이 어떻게 사회적 불평등을 '구성'하는지―경제적인 불평등을 어떻게 설명하고 정당화하거나 이의를 제기하는지 그리고 다른 사람들에게서 특질을 추론하는지―에 대한 연구를 하고 있었다.

1970년대 후반에 처음으로 벡(Beck)과 엘리스(Ellis)의 저술을 읽었을 때, 나는 그들의 접근이 우울과 불안을 이해하고 치료하는 데 얼마나 합리적이고 강력한가에 감명을 받았다. 이런 '이성적인' 접근은 나의 마음의 논리적인 부분에 호소하였다. 이러한 접근으로 말미암아 나는 분석 철학에 대한 나의 배경과 논쟁의 논리에 의지할 수 있었으며, 이러한 접근은 환자와 치료자 모두에게 동력을 제공하는 것 같았다. 이것은 나를 다시 임상 실무로 끌어들였고, 나는 '해답을 찾는' 많은 사람처럼 그 추종자가 되었다. 인지 모델은 또한 내가 사회인지 분야에서 연구해 왔던 주제―특히 인지와 사회인지 분야에서 잘 확립된 과정이었던 도식적 처리과정에 대한 강조―와 일치하는 듯 보였다. 나는 답을 찾았다고 느꼈다. 후에 나는 이러한 해답이 나를 더 많은 질문으로 이끌었다는 것을 깨달았다.

나는 학문적인 연구를 계속해야 할지 아니면 임상 현장에서 치료를 해 나가야 할지 확실치 않았다. 어느 우울한 오후, 밴쿠버에 있는 브리티시컬럼비아 대학교의 연구실에 앉아 있는데 예일 대학교 시절부터 오랜 친구였던 예일 아동 연구소의 Sparrow로부터 전화가 걸려 왔다. 우리 둘 다의 친구이자 동료인 Dave가 자살했다는 것이다. Dave는 예일의 연구원으로서 나의 절친한 친구이자 공동 연구자였다. 나는 참담했고 혼란스러웠으며 화가 났다. 시간이 흐르면서 나는 내가 우울의 어두운 악령과 싸우는 사람들과 함께 일하고 싶어 한다는 것을 깨달았다. 나는 내가 사랑하는 소중한 친구와도 같은 누군가가 빠져나올 수 있는 출구가 있다는 것을 확인하고 싶었다. 이 비극적 사건을 통해서 나는 내 삶에 큰 의미를 주는 방향으로 진로를 변경하였다. 나는 이후로 그때의 결정을 한 번도 후회하지 않았다. 나는 펜실베이니아대학교의 인지치료 연구소에서 벡으로부터 집중적인 훈련을 받기로 결심하였다.

인지치료의 초기 접근

인지치료자로서의 첫 수년 동안 나는 분명 기법을 연달아 꺼내 놓는 기법 중심의 인지치료자로 비쳤을 것임에 틀림없다. 많은 환자가 나아졌지만 일부의 환자들과는 벽에 부딪히고 있다는 것을 깨닫기 시작했다. 더 많은 기법을 가지고 앞으로 돌진하기보다 나는 가만히 멈춰서 그들의 긍정적이지 않은 반응의 이유를 파악하기 위해 그들의 말을 유심히 들어보기로 했다. 나는 또한 인지치료에 대한 비판에도 귀를 기울였다. 이러한 비판에는 저항, 전이, 역전이, 초기 아동기 경험, 무의식 또는 정서를 다루지 않는다는 것도 포함되었다. 어떤 '명분'이나 '운동'의 신봉자 혹은 헌신적인 추종자처럼, 나도 처음에는 이러한 비판들을 거부하면서 방어적이었다. 그러나 마음 한 구석 저 뒤편에서는 '그들의 말이 일리가 있을지도 몰라.'라고 생각하였다.

나는 인지행동치료에 대한 비판을 생각해 보지도 않고 바로 거절하기보다는 그 비판을 인지치료의 범위를 확장할 수 있는 절호의 기회로 보았다. 그래서 『인지치료에서의 저항의 극복』 『인지행동치료에서의 치료 관계』 『인지행동치료의 장애물』 및 『치료에 저항적인 불안장애』를 포함하여 이러한 주제에 관한 책을 저술하고 편집하였다. 나는 또한 정서를 치료에서 가장 중요한 문제로 보았기 때문에 이 주제에 관한 책을 두 권 썼다. 『심리치료에서의 정서 조절』과 『정서도식치료』가 그것이다. 인지행동치료에 대한 비평가들이 우리의 인지행동치료 접근을 단순하고 정형화된 것으로 묘사하려고 할 때, 나는 우리에게 좋은 해결책이 있다고 믿는다. Aaron Beck, Judy Beck, Art Freeman, Denise Davis, Jeffrey Young, Arnoud Arntz, Jackie Persons, Christine Padesky 및 William Kuyken이 시도한 성격장애와 사례 개념화에 대한 정교한 치료 작업을 비롯하여 인지행동치료 접근은 한때 정신역동치료의 고유한 영역으로 여겼던 많은 주제를 다루는 데 있어서 강력하고 복합적인 모델을 제공한다고 생각된다. 인지 모델은 진화심리학, 사회화, 애착 이론, 신경심리학, 사회인지, 성격 이론, 정서 예측, 정서 조절 이론 및 다른 모델로부터 연구와 이론을 통합할 수 있는 잠재력을 갖고 있다. 어떤 의미에서 우리는 이제 막 우리의 작업을 인간 기능의 더 정교한 모델로 넓혀 가기 시작했다고 생각한다.

여기서 정서의 역할이 중요하다. 정서에 대한 관심은 늘 있어 왔지만, 몇몇 관찰과 경험이 분기점을 만들어 주었다. 여러 해 전에 어머니가 갑자기 뇌출혈로 돌아가셨을 때, 나는 인지행동치료자인 한 동료와 통화를 했다. 나는 그에게 말을 하면서 울기 시작했고, 그는 내게 "내가 성인으로서 한 번도 울어 본 적이 없다는 사실이 새삼 흥미롭다."고 말해 주었다. 나는 그가 나를 타당화해 주고 염려해 주고 있다는 것을 알았지만, 그의 말은 한편으로 그 당시 인지행동치료 모델에서 빠뜨린 조각이 무엇인지를 잘 드러내 주었다. 그것은 피할 수 없는 상실과 비극의 경험 그리고 그 고통과 괴로움을 인정받는 경험이다. 이 사건을 통해 나는 우나무노의 『삶의 비극적 감각』의 한 단락을 떠올렸다.

우나무노는 삶의 실용적 관점과 비극적 관점을 비교하는 이야기를 들려준다. 한 노인이 길가에 앉아 울고 있는데, 한 젊은이가 다가와 "왜 울고 계신가요?" 하고 묻는다. 그 노인은 "내 아들이 죽어서 눈물이 난다."고 슬픈 표정으로 대답한다. 젊은이가 "왜 우나요? 울어 봤자 아무 소용이 없어요." 하고 말한다. 노인은 "우는 게 소용이 없기 때문에 우는 거예요."라고 응수한다. 우나무노는 계속 이야기를 이어가면서 우리는 '전염병 때문에 우는 것이지 전염병을 고치기 위해 우는 것이 아님'을 배워야 한다고 말한다. 비극은 괴로움의 공유다. 그것은 우리에게 상처를 주는 상실을 타당화하는 것이다. 그리고 그것은 온전히 경험하는 삶에서 필요한 고통의 일부다.

우리는 우리의 목표가 '좋은 감정을 느끼는 데' 있는 것이 아니며, 의미를 발견하는 과정은 '모든 것을 느끼는 능력'을 포함한다는 것을 배워야 한다. 애착과 상실을 수반하는 깊고 의미 있는 삶을 통과해 가면서 모든 범위의 정서를 경험하지 않기란 불가능하다. 우리 모두는 분노, 불안, 슬픔, 질투, 부러움, 무력감, 절망을 경험하게 될 것이다. 그러나 우리가 이러한 경험을 효과적으로 활용할지 아니면 일상적으로 흔히 경험하는 정서로부터 도피하려고 시도할지를 결정하는 것은 이러한 정서에 대한 우리의 반응이다.

인지행동치료의 최근 발전

최근에 인지행동치료에서는 개인이 힘든 감정을 어떻게 다루는지에 대해 진보가 이루어져 왔다. 주도적인 인지행동적 모델들은 DSM의 범주보다는 과정에 기초한 범진단적 접근을 제공하면서 모든 수준의 정서와 정서처리의 복잡성을 다룬다(Hayes & Hofmann, 2018; Hofmann, 2015). 수용전념치료(Acceptance and Commitment Therapy: ACT)는 마음챙김을 강조하는 것에 더하여 정서를 불러일으키는 생각의 내용보다는 개인이 생각 및 정서에 대해 지니는 관계를 더 중시한다(Hayes, Strosahl et al., 2011). 수용전념치료 모델은 또한 우리가 삶에서 의미를 추구할 때 좌절과 불편함을 견딜 수 있도록 목적을 명료화함에 있어서 가치의 역할이 중요함을 강조한다. 정서도식치료(Emotional Schema Therapy: EST) 모델은 수용전념치료의 몇 가지 아이디어를 공유하면서도 개인의 정서에 대한 이론과 정서 조절에 대한 이론을 기술하는 데 더 많은 부분을 할애한다(Leahy, 2015; 2018). 정서도식치료는 사람들이 자신의 정서에 대해 어떻게 생각하고 반응하는지에 관한 인지 모델이면서도 또한 수용전념치료와 일관된 전략들을 활용한다. 이와 관련한 또 다른 모델은 정서 조절 및 행동 조절 기술에 초점을 맞추고, 내담자들이 정서에 대한 자신의 '신화'를 인식할 수 있도록 돕는 변증법적 행동치료(Dialectical Behavior Therapy: DBT) 모델이다(Linehan, 1993). 정서도식치료는 변증법적 행동치료의 많은 아이디어와 기법을 포함하지만, 변증법적 행동치료 모델 그 자체는 사람들이 정서에 대해 어떻게 생각하고 평가하고 설명하고 가치를 두는지에 관한 모델이 아니다.

Wells에 의해 발전한 메타인지 모델은 정서도식치료 모델과 가장 직접적으로 연결되어 있는데, 이 모델에서는 개인이 원치 않는 생각을 통제하거나 억제하려고 시도하면서 자신의 사고에 고착됨으로써 걱정이나 반추 과정을 영속화하게 되는 인지적 주의 증후군(Cognitive Attentional Syndrome: CAS)을 강조한다(Wells, 2000). 정서도식치료 모델은 메타인지 모델과 구조적인 유사성을 갖고 있다고 볼 수 있지만, 이 모델에서의 강조점은 사고가 아니라 정서에 있으며, 정서는 가치, 행동 및 대인관계 기능과 연결된다. 정서도식치료의 내용은 정서의 평가, 수치심과

죄책감, 정서 표현과 타당화의 역할 그리고 정서 경험의 정상화
에 대해 내담자들이 지니고 있는 '소박한 이론'에 관한 것이다
(Leahy, 2015). 물론 Gilbert의 자비중심치료(Compassion-Focused
Therapy: CFT)에 대한 가치 있는 작업으로 인해 인지행동치료는
자비의 일부인 애착 정서(돌봄, 양육, 수용, 안전 도모 등)를 활성화
함으로써 진정 및 치유의 효과가 나타나는 방향으로 움직여 왔
다(Gilbert, 2009). 확실히 자비중심치료 모델은 정서에 대한 부정
적인 믿음과 전략들을 다루는 데 상당한 가치가 있다. 그리고 마
지막으로 Greenberg의 정서중심치료(Emotion-Focused Therapy:
EFT)는 정서에 우리의 욕구와 의도, 생각에 대한 정보가 담겨 있
다는 것과 일차적인 정서와 이차적인 정서를 상술하면 치료의
의미가 더 심화될 수 있다는 것에 대한 우리의 이해를 풍부하게
해 준다(Greenberg, 2002).

　내가 긍정심리학의 중요한 업적을 중시하는 만큼이나 우리는
이것을 고통스러운 감정의 부재와 혼동해서는 안 된다. 우리가
정서에 대해 어떻게 생각하고 어떻게 평가하며 어떻게 다루는가
에 대한 모델인 '정서도식' 모델을 개발하는 방향으로 나를 이끌
었던 것은 바로 이러한 인식이다. 이러한 관점에서 볼 때, 정서
는 우리가 반응하게 될 어떤 '주어진 것'이다. 예를 들어, 나에게
슬픔이 '주어졌을 때', 나는 이 슬픔에 대해 무엇을 생각하는가?
이 슬픔이 납득할 만하다고 생각하는가, 이 슬픔이 영원히 지속
될 거라고 믿는가, 나의 기분을 통제할 수 없다고 생각하는가,
나의 슬픔을 창피해하는가, 아니면 아무도 나를 이해할 수 없을

것이라고 생각하는가? 나는 어떤 정서 조절 전략을 사용하는가? 슬픔을 상기시키는 상황을 회피하려고 애쓰는가? 참을 수 없는 감정을 억제하려고 술을 마시거나 약물을 사용하거나 폭식을 하는가? 아니면 그 슬픔을 잠시 통과하게 될 어떤 것, 지나가는 것, 무언가를 배울 수 있는 기회로 받아들이는가?

　나의 책 『정서도식치료』(Leahy, 2015)에서 나는 서양철학과 문화에서 정서를 어떻게 얘기해 왔는지를 역사적으로 훑어보았는데, 소크라테스 철학, 스토아 철학 그리고 영국의 분석철학에서는 이성에 특권적 지위를 부여한 반면, 비극, 실존주의 그리고 낭만주의 전통에서는 정서의 중요성을 강조하였다. 나는 또한 지난 몇백 년간 서구 사회에서 정서의 사회화에서 일어난 변화들을 개관하였는데, 서구에서는 내면화, 자기통제 그리고 질투와 같은 '원치 않는' 정서를 줄이려는 시도를 더 중시해 왔음을 확인하였다. 나의 견해는 정서가 생물학적으로 결정될 뿐만 아니라 사회적으로 구성된다는 것이다. 서로 다른 문화권의 사람들은 정서를 표현하는 것—특히, 서로 신체를 접촉하는 것—에 대해 서로 다른 기대를 지닌다. 정서도식 모델은 정서를 생각과 경험의 중심에 두고, 이러한 사회적 구성과 조절 및 표현 전략이 어떻게 드러나는지를 설명하려고 시도한다.

　인지와 정서는 서로 밀접하게 관련되어 있고, 서로에게 영향을 미칠 수 있다. 결국 정서는 나에게 무엇이 중요한지 그리고 무엇이 나를 움직이는지에 대해 내게 말해 줄 것이다. 우리는 '정서(emotion)'가 '밖으로 움직인다(to move out).'라는 라틴어에

서 유래한 단어라는 것을 명심해야 한다. 정서는 **우리를 움직인**
다. 그러나 사건에 대한 우리의 해석, 정서에 대한 우리의 평가
그리고 정서를 다루기 위한 우리의 전략 또한 전체적인 그림에
포함된 또 다른 부분이다. 정서도식 모델이 탐색하고자 하는 것
은 이러한 큰 그림이다. 데카르트가 '나는 생각한다, 고로 나는
존재한다.'고 말한 것에 나는 '나는 느낀다, 고로 나는 존재한다.'
는 대안을 제시하고자 한다.

02

정서는 다면적이다

정서(예를 들어, 슬픔, 불안, 질투)는 인지적 평가, 의도(목표를 향한 방향), 생리적 각성, 행동 경향 그리고 대인 전략으로 구성된다. '부러움'이라는 감정을 예로 들어 보자. 나는 지위 게임에서 누군가 나를 앞질러 있다고 믿는다. 나는 그들과 경쟁하고 있고, 그들의 성공은 나의 실패라고 느낀다. 나는 그들이 아프기를 바랄 수도 있고, 심지어 나의 동료들과 함께 그들을 깎아내리려고 시도할지도 모른다. 그들의 성공에 대해 생각할 때 심장은 빨리 뛰고, 몸에서는 긴장이 느껴지기 시작한다. 나는 그들과의 상호작용을 피할 것이다. 그리고 동료들에게 이 사람의 성공은 부당하다고 불만을 제기할 것이다. 나의 부러움의 감정은 또한 슬픔, 불안, 분노, 모욕감, 무력감을 포함할 것이다. 앞서 예시한 바와 같이, 부러움은 다양한 요소로 구성된다. '그들의 성공은 나의 실패를 의미한다.'는 인지적 평가, 성공과 더 높은 지위라는 목표에 도달하지 못한 좌절, 빠른 심장 박동과 이를 꽉 악문 것과 같은 신체 각성, 그들을 회피하려는 행동 경향 그리고 동료들에게 불평하거나 악담하며 스스로를 자위하는 일상이 그것이다.

정서도식치료는 정서 경험과 반응의 각 요소를 다룬다. 각 요소는 개입의 표적이 되기 때문에 각각의 측면을 이해하는 것은 이 모델의 핵심적인 부분이다. 예를 들어, 우리는 정서로 이끄는 상황에 대한 평가의 타당성을 검토함으로써 개입을 시작할 수 있다—이 경우에 나는 상황에 대한 나의 평가를 수정할 수 있고, 그들의 성공이 나의 실패라고 결론 내리기보다는 성공은 모두에게 골고루 돌아갈 만큼 충분하다고 재구성할 수도 있다. 이에 더하여 목표를 수정하고 가치를 언급함으로써 정서의 의도 혹은 목적에 대한 대안을 고려할 수도 있다. 이 경우에 나는 스스로를 사악한 비교 대상으로 평가하기보다는 나의 목표를 '능숙하게 일을 처리하는 것' '누군가를 돕는 것' 혹은 '내가 할 수 있는 최선을 다하는 것'으로 바꿀 수 있다. 혹은 나의 목표를 완전히 바꿔서 흥미로운 소설을 읽을 수도 있다. 나는 또한 이완 훈련, 마음챙김 혹은 긍정적 심상을 실행하여 심박수를 낮추고 신체 긴장을 줄이는 등 신체 각성을 수정할 수 있다. 나는 또한 동료를 회피하는 나의 행동 반응을 바꾸기 위해 그들을 축하하거나 그들의 발표를 경청하는 등 '반대 행동'을 실천할 수 있다. 그리고 마지막으로 나는 그들의 성공에 대하여 불평하거나 악담하는 것을 넘어서서 사소한 비판으로 그들을 끌어내리기보다는 다른 사람들 앞에서 그들을 칭찬함으로써 나의 대인 반응을 바꿀 수 있다. 이처럼 정서도식치료는 한 가지 표적에만 매이지 않고 가능한 한 광범위한 표적에 개입하는 것이 정당하고 중요함을 인식한다.

정서의 범위와 수준

정서도식치료 모델은 정서의 다차원적 특성을 표적으로 삼으면서도 정서 경험이 일정한 범위의 정서를 포함하는 것으로 인식한다. 정서도식치료 모델은 정서를 단일한 유인가를 지닌 하나의 단수(예를 들어, '나는 부러움을 느낀다.')로 보기보다는 다른 감정들의 네트워크와 연결되는 것으로 이해한다. 예를 들어, 부러움은 슬픔, 분노, 불안, 수치심, 원망, 호기심을 포함하는 사회적 감정이다. 한 개인이 경험하고 있을지 모르는 감정들의 다양성을 확장하고 구분하는 것은 정서도식치료의 핵심 요소다. 어떤 경우에는 한 가지 감정이 또 다른 감정을 덮을 수도 있다. 예를 들어, 분노는 불안이나 무력감 같은 이면의 감정보다 표면적으로 더 두드러질 수 있다(Greenberg, 2002).

정서도식치료 모델에 따르면, 환자는 자신에게 더 '익숙한', 즉 인식하기 더 쉬운 감정을 표현한다. 예를 들어, 어떤 사람들에게는 분노가 더 '받아들일 만한' 감정일 텐데, 왜냐하면 도덕적인 자기정당성과 우월한 힘을 나타내는 것일 수 있기 때문이다. 그러나 정서의 '다층적인' 특성은 드러난 분노 밑에 불안과 슬픔, 패배감과 굴욕감이 깔려 있을 수 있음을 말해 준다. 예를 들어,

한 마케팅 회사의 팀장은 누군가 공공연하게 자신의 의견에 반대할 때마다 상당한 분노를 드러내며 적대적이고 모욕적인 발언으로 그를 맹렬히 비난하곤 하였다. "당신이 여기서 분노를 느끼지 않고 다른 감정을 느꼈다면 그건 어떤 감정일까요?"라고 치료자가 추가적인 감정을 탐색했을 때 그는 불안함과 무력감을 느끼고 있었다고 회상하였다. 그는 자신의 팀이 일련의 잘못된 의사 결정을 함으로써 상사가 자신을 비난하여 결국 자신이 해고당할지도 모른다는 것을 불안해했다고 인정하였다.

부러움, 질투, 죄책감, 수치심, 원망과 같은 사회적 정서를 살펴볼 때, 우리는 종종 넓은 범위의 다른 감정들이 유발되고 관찰될 수 있음을 발견한다. 예를 들어, 질투의 경우('나의 애인이 다른 누군가와 시시덕거리고 있다.') 처음의 감정은 분노일 수 있지만 그 기저에는 불안, 무력감, 모욕감 그리고 패배감이 깔려 있을 것이다. 분노를 표현하는 것은 자신이 두려워하는 패배, 버림받음, 배신 그리고 외로움을 보상하기 위한 하나의 방편이다.

03

진화적 적응과 감정

　정서도식치료 모델은 정서에 대한 진화론적이고 생물학적인 모델과 정서의 사회적 구성의 중요성을 인정한다. 다윈의 『인간과 동물의 감정 표현』(1872/1965)은 감정 표현의 보편적 양식(특히, 얼굴 표정)과 표현된 감정의 보편적 인식에 대한 초기 연구들에 결정적인 기여를 하였다.

　정서와 정신병리는 진화적 적응과 연결되어 있다. 예를 들어, 각각의 불안장애는 어떤 진화적으로 관련된 환경에 대한 한 가지 적응 방식을 나타낸다. 현재의 강렬한 감정의 진화적 원천을 인식하는 것은 개인이 자신의 감정을 이해하고 자신의 감정 반응의 강력하고 원시적이고 압도적인 성질을 이해하도록 도와서 정서 경험을 병리적으로 보지 않도록 한다. 예를 들어, 우리가 거의 모든 정서 경험이 '덧없다(즉, 순간적이다).'는 것을 깨달았다고 할지라도 강렬한 정서 경험은 우리로 하여금 회피하거나 도망가거나 싸우거나 기절하는 등의 즉각적인 행동을 취하도록 동기화시킨다. 포식자, 다른 위험한 인간들 그리고 굶주림과 죽음의 위협이라는 진화적으로 관련된 환경에서 위기 모드를 지속하는 것은 이해할 만한 적응 방식이다. 따라서 개인은 자신의 불안을 즉각적인 행동을 취하지 않으면 위험한 일이 닥칠 것이라는 강력한 경고로서 경험한다. 거짓 양성 경보는 거짓 음성 경보보다 덜 문제가 되는데, 실제 거기에 있는 호랑이를 보지 못하는 것은 치명적인 오류이기 때문이다. 감정의 진화적 토대는 자세히 살펴보면 사실에 의해 정당화되지 않을 어떤 경험의 자동적이고 압도적이며 급박한 성질을 이해할 수 있도록 돕는다.

보편적인 공포

정서의 진화적 기초를 보여 주는 한 가지 방식은 공포증의 보편적 분포를 검토하는 것이다. 예를 들어, 물이나 높은 곳, 동물, 벌레, 뱀에 대한 공포는 어디서나 관찰된다. 모든 문화권의 아이들은 혼자 남겨지는 것, 부모에게 버림받는 것, 또는 어두움에 대해 비슷한 공포를 나타낸다. 얼굴 표정으로 감정을 인식하는 능력은 보편적인 요소가 있다. 사람들은 다른 문화권의 사람들의 얼굴에서도 두려움이나 놀람의 표정을 인식할 수 있다. 동물과 인간이 종종 비슷한 감정 경험과 표현을 공유한다는 다윈의 관찰은 생물학적이고 진화론적인 요소를 잘 보여 준다.

게다가 감정은 생존 욕구를 충족시킨다. 예를 들어, 고소 공포는 높은 곳에서 떨어지지 않도록 보호하고, 물 공포는 익사를 방지하며, 기아 공포는 대식으로 이끄는데 이는 음식이 귀한 환경에서 적응적일 수 있다. 이와 비슷하게 우리 선조들이 살았던 원시적인 환경에서 드넓은 평원을 가로질러 걸어가는 것은 포식동물의 눈에 띄어 공격당할 위험을 쉽게 유발할 수 있다는 점에서 볼 때, 광장공포증으로 유발된 공황은 보호적인 기능을 지닌다. 큰 강도를 지닌 보편적인 감정 경험의 하나인 질투는 모든 문화권에서, 동물들에게서, 심지어 유아들에게서도 발견된다. 진화론적 모델과 연결되어 두 가지 질투 이론이 제시되었다. 부모투자 이론과 한정된 자원을 위한 경쟁 이론(Trivers, 1972; 1974)이 그것이다. 부모투자 이론에 따르면, 개인은 유전적으로 자기와 비슷한 자식을 더 보호하고 돌보는 경향이 있다. 여성은 자신의 자식인지 아닌지를 알지만 남성은 자신이 아버지인지 아닌지가 불확실하기 때문에 남성은 정서적인 친밀도보다 성적인 부정에 대해 더 질투심을 느끼도록 기대된다. 이는 많은 자료에 의해 지지되었다(Buss et al., 1992). 형제간 경쟁이나 또래 간 경쟁은 한정된 자원을 위한 경쟁을 설명하는 진화론적 모델과 관련된다. 요약하면, 우리는 심지어 복잡한 사회적 감정인 질투, 부러움, 복수심을 포함한 대부분의 감정에 대해서 진화론적 증거를 찾을 수 있다.

정서도식치료 모델은 진화적 소인의 중요성을 인정하면서도 정서를 본능이나 준비된 행동으로 환원시키지 않는다. 오히려 정서를 생물학적 소인, 사회화 경험 그리고 사회적 구성 간의 상호작용으로 본다. 본성과 양육은 상호작용한다.

04

감정의 사회적 구성

역사적 및 문화적 차이

정서도식치료 모델은 감정의 생물학적인 제약과 토대를 인정하면서도 감정의 사회적 구성, 즉 감정의 인지적 평가를 상당히 중시한다. 따라서 정서 경험은 진화 이론의 생물학적 기질에 대한 언급으로 환원되거나 설명될 수 없다. 우리는 감정 표현 및 감정 언어에서의 문화적 차이 그리고 울음 같은 감정 표현에 대한 태도에서 지난 수백 년에 걸쳐 나타난 변화 속에서 감정의 사회적 구성에 대한 증거를 발견할 수 있다(Lutz, 1999). 이에 더하여 우리는 질투와 같은 감정을 바라보는 시각에서 어떤 변화가 나타났는지를 볼 수 있다. 18세기에 질투는 자신의 명예를 지키는 상징으로, 그리고 낭만주의의 일부로 높이 평가되었다. 그러나 빅토리아 시대 영국에서 질투는 핵가족의 '조화'와 양립할 수 없는 것으로 여겼으며, 20세기에는 정서적 미성숙, 소유욕, 불안정의

징후로 받아들였다(Stearns, 1989). 실로 감정이 사회적으로 구성
되는 것이라는 인식은 지난 20년간 역사학의 새로운 전공 분야
로서 '감정학' 혹은 '감정의 역사'의 출현을 이끌어 냈다(Stearns,
1994). 인류학 분야에서는 감정의 문화적 차이를 연구하는 오랜
전통이 이어져 왔다. 예를 들어, 막스 베버(1930)는 『프로테스탄
트 윤리와 자본주의 정신』에서 행위, 만족 지연, 노동의 중요성
및 내면화에 대한 칼빈주의와 신교도의 강조가 자본주의의 투자
방식을 위한 정서 통제 모델을 낳았다고 제안하였다. 클리퍼드
기어츠는 『문화의 해석』(1973)에서 사람들이 의사소통하고 관계
를 맺고 삶에 대한 태도를 발달시킴에 있어서 한 문화권 내에서
공유하는 의미의 중요성을 강조하는 상징 인류학을 제안하였다.
오스트리아 사회역사학자 노르베르트 엘리아스는 그의 저서 『문
명화 과정』(1939)에서 매너와 예절, 다른 사람에 대한 배려가 어
떻게 발달해 왔는지를 추적하였는데, 성에 대한 '수치심'의 증가
뿐 아니라 내면화, 감정의 억제, 사적 경험에 대한 강조를 초래
하였다고 주장하였다(Elias, 1939/1969).

　감정의 문화적 구성에 대한 예로서 다음과 같은 연구들이 포
함될 수 있다. 즉, 다른 부족의 사람들을 참수형에 처함으로
써 정서적 불쾌감을 완화시킬 수 있다는 신념에 기초하여 사
람을 사냥했던 필리핀 일롱고트족에 대한 미셸 로살도의 연
구(Rosaldo, 1980), 일본어에서는 감정이 독립(분노) 대 의존
(사랑)의 관점에서 이해된다는 것을 보여 준 Lutz의 연구(Lutz,
1999), 타히티의 토착 원주민들은 슬픔이나 비애를 위한 단어

가 없다(이 감정들은 생리적인 반응으로 여긴다)는 것을 보여 주는 Robert Levy의 연구(Levy, 1975)가 그것이다. 이와 비슷하게 van Hemert, van de Vijver 및 Vingerhoets(2011)의 조사에 따르면, 37개국에 걸쳐 울음의 빈도, 허용성, 성차를 분석한 결과 상당한 문화적 차이가 있음이 시사되었다. 한 문화권 내에서도 감정이 어떻게 인식되고, 사람들이 자신의 감정과 타인의 감정에 어떻게 반응하는지에 커다란 개인차가 있다. 이러한 차이들이 정서 도식치료 모델의 초점이다.

정서와 평가

정서는 가치 및 인지적 평가와 연결되고(예를 들어, 외로움은 사 귐과 애착의 욕구와 연결되고, 분노는 존경의 가치와 연결된다), 정서 경험은 다양한 경험, 심지어 불쾌한 경험을 견디는 능력의 관점 에서 이해될 수 있다. 정서도식 모델은 어떤 감정(질투, 부러움, 분노, 불안, 슬픔 등과 같은)을 '나쁜' 감정으로 보기보다는 자신의 욕구, 가치, 좌절, 열망을 알아차릴 수 있게 해 주는 것으로 보도 록 격려한다. 정서도식 모델은 질투와 부러움 같은 더 복잡한 사 회적 감정뿐 아니라 분노, 불안, 슬픔 같은 수많은 감정의 진화 적 적응을 논의한다. 진화론적 모델은 힘들거나 위험해 보이는 감정을 정상화하는 것을 돕고, 강력하고 자동적으로 감정과 행 동 경향성이 유발되는 것이 타고난 인간 본성이라는 것을 내담자가 이해할 수 있도록 격려한다. 이는 내담자가 감정을 이해할 만한 것으로, 동시에 비난의 대상이 아닌 것으로 받아들이는 데 일조한다. 따라서 어떤 감정이 받아들일 만하고 어떤 감정이 그렇지 않은지에 대해서 분명히 문화적이고 사회적인 영향이 있다. 예를 들어, 감정의 '성별화'(예를 들어, 여자는 남자와는 다른 감정에 반응하도록 기대된다.), 감정의 지각과 평가에서의 역사적 변화 그리고 '정서 공동체', 즉 개인의 삶에서 감정이 공유될 수 있고 감정 표현이 허용될 수 있는 특정 영역이 어느 범위까지인가에 대해서 문화적이고 사회적인 영향이 존재한다(Reddy, 2011; Rosenswein, 2006).

05

정서는 인지의 대상이다

백의 전통적인 인지 모델에서는 감정을 개인이 맞닥뜨리는 상황이나 스트레스 요인에 대한 평가로부터 부분적으로 생겨나거나 유지되는 것으로 본다(Beck et al., 1979). 예를 들어, 연인과 헤어진 사람은 앞으로 다른 사람을 절대 만나지 못할 것이며, 애인 없이는 절대 행복할 수 없고, 자신에게 어떤 영속적인 결함이 있기 때문에 헤어진 것이라고 믿을지도 모른다. 전통적인 인지 모델은 인지도식이 어떻게 정서 경험을 야기하거나 유지하는지에 대해 초점을 맞춰 왔다. 이것은 자동적 사고('나는 앞으로 절대 행복할 수 없을 거야.'), 조건적 믿음('애인이 없다면 내 삶은 가치가 없다.'), 자기에 대한 핵심 믿음('나는 실패자다.'), 그리고 다른 사람들에 대한 믿음('그들은 판단적이다.')을 포함한다. 한편으로 고통스러운 감정은 이러한 평가나 구성의 결과로 생기거나 유지되지만, 다른 한편으로 정서 경험은 그 자체로 평가의 대상이 될 수 있다. '정서도식'을 구성하는 것은 바로 감정에 대한 이러한 평가와 그 감정에 대한 반응이다.

감정에 대한 평가와 반응

정서도식 모델은 감정 경험에 대한 개인의 **평가와 반응**에 초점을 맞춘다. 이런 의미에서 정서도식치료 모델은 정서 이론의 사회인지 모델이다. 각 개인은 인과관계, 평가, 타당성, 지속 기간, 통제 욕구, 표현이나 표출의 규칙과 전략에 대한 믿음, 그리고 감정에 대처하는 전략에 대한 믿음을 포함하여 자신의 감정과 타인의 감정에 대한 암묵적인 이론을 갖고 있다고 제안한다. 일단 감정이 일어나면 개인은 다양한 차원에서 이러한 경험을 해석하고 감정에 반응하는 전략을 활성화시킨다. 이것이 바로 '정서도식'이다. 예를 들어, 스스로 나는 불행하다고 인식할 때, 나의 불행에 대해서 어떻게 생각하고, 그것에 대해 어떻게 반응하며, 그 감정을 조절하는 나의 이론은 무엇인가? 정서도식은 개인 특유의 **감정에 대한 이론**을 반영하는데, 이에는 감정에 대한 평가, 설명, 느낌의 타당성에 대한 믿음, 그리고 정서 조절의 필요성 및 정서를 어떻게 수정하는가에 대한 이론이 포함된다. Wells에 의해 발전한 메타인지 모델과 유사하게 정서도식 모델은 내적 정서 경험에 대한 개인의 인식과 평가, 그리고 이에 대처하는 개인의 전략에 초점을 둔다. Wells 모델이 사고에 대처하기 위한 평가와 전략에 초점을 맞추는 반면, 정서도식치료 모델은 감정에 초점을 맞춘다. 나중에 더 분명해지겠지만, 정서도식치료 모델은 Wells와 그의 동료들의 공헌에 큰 빚을 지고 있으며 메타인지 모델의 일부 기법들을 차용하고 있다(Wells, 2008). 또한 신경과학은 LeDoux와 그의 동료들이 '정서도식'이라는 용어를 사용하여 표현한 것처럼, 정서의 인지적 내용을 인정한다. 여기서 정서도식은 위협에 대한 의미 기억, 행동 반응 그리고 신체 감각과 같이 '특정 감정에 대한 정보의 집합'을 가리킨다(LeDoux & Brown, 2017). 나의 모델에서는 정서도식을 감정에 대한 일련의 개념화, 해석, 전략 및 평가로 기술하는데, 이러한 나의 견해는 LeDoux가 제안한 위협 처리와 공포 경험의 두 가지 회로에 대한 견해를 포함할 수 있다(LeDoux, 2017).

정서도식 모델은 정서와 관련한 인지도식의 결과로 정서의 인식, 변별 및 기억에서의 편향이 뒤따른다고 제안한다. 예를 들어, 각 개인마다 감정이 일어날 때 그것을 인식하거나, 자신이 가진 감정을 변별하거나, 자신의 감정을 다른 감정들과 관련짓거나, 이전 사건이나 경험과 관련하여 자신이 경험한 감정을 회상해 내는 능력이 서로 다르다. 따라서 '감정인식불능증'은 정서도식에 기저하는 과정에서 첫 번째 단계가 될 수 있는데, 왜냐하면 감정을 인식하고 명명하고 경험에 연결시키는 능력의 결핍은 필연적으로 경험을 재평가하고 대안적인 정서 대처 전략을 고려하는 능력을 제한하기 때문이다. 이에 더하여 개인마다 정서 경험을 중요하게 생각하는 정도가 다르며, 각자 다른 감정들에 부여하는 정당성과 중요성의 정도가 다르다. 예를 들어, 어떤 사람은 자신의 분노를 그저 스쳐가는 사소한 문젯거리 정도로 보는 반면, 또 다른 사람은 자신의 분노가 정당하지 않고 따라서 **중요**하다고 볼지도 모른다.

정서 경험에 대한 설명과 기술

정서도식이 수반하는 또 다른 차원은 개인이 자신의 감정의 원인을 기술하는 데 사용하는 설명적 개념과 모델이다. 이에는 외부 초점 대 내적 초점의 차이가 포함된다. 예를 들어, '그녀가 나를 업신여겼기 때문에 화가 난다.'와 '내가 그것을 개인적으로 받아들이기 때문에 화가 난다.'의 차이다. 자신의 감정을 원격 원인으로 설명하는가('어린 시절 아버지가 나를 방치했기 때문에 불안하다.') 아니면 근접 원인으로 설명하는가('그녀가 방금 떠나면서 인사를 하지 않았기 때문에 불안하다.')에서도 개인차가 있을 수 있다. 다른 설명적 개념으로는 특질 개념('나는 화가 많은 사람이다.'), 생물학적 결정론('나는 이런 유전자를 물려받았다.') 또는 기술 개념('나는 분노를 어떻게 다루는지 배울 필요가 있다.')이 포함된다. 정서도식치료 모델은 내담자가 감정의 원인에 대한 자신의 이론을 파악할 수 있도록 돕는데, 이는 종종 감정 변화가 어떻게 일어나는지에 대한 이론과 연결되기도 한다. [그림 5-1]에 정서도식 모델이 예시되어 있다.

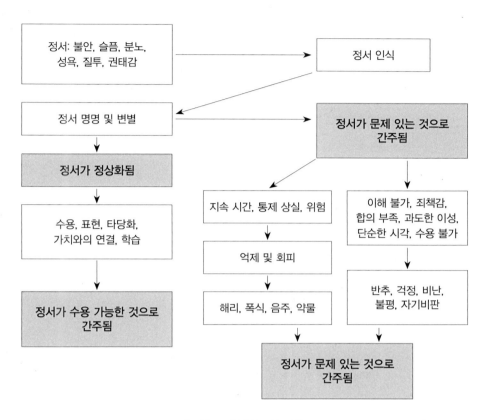

[그림 5-1] 정서도식 모델

건강한 마이클과 신경증적인 네이트

다음 이야기를 생각해 보자. 건강한 마이클은 그의 여자친구 미란다와 3개월간 다소 격렬한 관계를 겪은 후에 그녀가 그를 찼다는 것을 알았다. 그녀는 그에게 '이제 관계가 끝났으니 자신에게 다시는 연락을 해서는 안 된다.'는 문자 메시지와 손으

로 작별인사를 하는 이모티콘을 첨부했다. 마이클은 힘든 감정
에 직면하여 좌절과 실망을 견딜 수 있었다. 그 결과 그는 폭넓
은 감정들(슬픔, 불안, 혼란, 분노 그리고 안도)이 느껴진다는 것을
수용했다. 마이클은 오로지 한 가지 감정만을 느껴야 한다는 단
순한 시각을 갖고 있지 않았다. 그는 다른 사람들도 이와 비슷한
많은 감정들을 느낄 것이고, 이런 느낌들이 일시적으로는 불쾌
하고 강렬하다고 해도 시간과 함께 지나갈 것이라고 믿었다. 그
는 친구 헨리에게 이런 감정들을 표현하고, 헨리가 끈기 있게 자
신의 이야기를 들어줄 때 자신이 수용받는다고 느꼈다. 마이클
은 이런 감정들을 두려워하지 않았기 때문에 이를 통과해 갈 수
있었고, 자신을 무감각하게 하기 위해 술이나 약물에 의존하지
않았으며, 새로운 경험을 회피하지도 않았다. 그는 심리치료를
좀처럼 찾지 않을 그런 사람이다.

　반대로, 신경증적인 네이트는 여자친구와의 결별에 대해 마이
클과는 다른 반응을 보였다. 그는 오로지 한 가지 감정만 느껴야
한다고 생각했기 때문에 자신이 경험하는 감정의 다양함에 혼란
스러움을 느꼈다. 그는 자신이 왜 그런 다양한 감정을 느끼는지
에 대해 반추했다. 그는 관계에서 무슨 일이 일어났는지 그리고
자신이 왜 그런 다양한 감정을 느끼는지 마음속으로 되새김으로
써 사태를 이해하게 될 것이고, 그에 따라 부정적인 감정도 없앨
수 있을 것이라고 믿었다. 반추할수록 기분은 더 나빠지고, 이를
통해 그의 감정 경험에 대한 부정적인 믿음이 증폭될 뿐 아니라,
고통스러운 감정 경험을 통제해야 할 필요성 또한 증가하게 되

었다. 그는 이러한 감정 경험을 통제하려고 노력할수록 더 통제할 수 없음을 느꼈다.

네이트는 남자는 울면 안 되며 다른 사람들은 자신보다 슬픔을 훨씬 더 잘 처리할 것이라고 믿었기 때문에 자신의 슬픔을 부끄러워했다. 그 결과로 그는 미래를 걱정하고 과음하며 스스로를 고립시켰다. 그의 우울은 더 심해졌는데, 이는 일차적으로 애인과의 결별 후에 나타나는 정상적인 슬픔, 불안, 분노 경험에 대한 그의 평가와 반응 때문이다. 이러한 두 가지 반응은 [그림 5-1]에서 도식적으로 잘 묘사되어 있는데, 마이클은 타당화를 추구하는 과정에서 자신의 감정을 정상화하고 잘 활용하였는데 반해 네이트는 자신의 감정을 부정적으로 해석하였고 이는 반추와 회피, 과음으로 이어졌다.

정서도식은 감정을 인지하는 것(알아차림), 감정에 이름을 붙이고 구분하는 것, 감정을 사건과 연결하는 것, 감정에 대한 기억, 감정에 대한 예측, 감정을 정상화하거나 병리화하는 것, 감정에 대한 죄책감과 수치심, 감정의 지속 시간에 대한 평가, 그리고 감정을 이해하는 것을 포함한다.

정서는 개인적인 목표 및 가치와 관련되며, 정서도식치료 모델은 의미 있는 삶은 필연적으로 고통스러운 정서를 수반한다고 제안한다. 정서도식은 또한 감정을 조절해야 할지 없애야 할지, 강화시켜야 할지 혹은 감정을 표현하여 타당화를 얻어야 할지에 대한 전략, 감정을 억제하거나 제거하고 다양한 전략을 사용하며 감정에 '대처'할 필요가 있는지에 대한 개인의 믿음을 포함한다. 이러한 전략들 중에서 반추, 걱정, 회피, 도피, 물질 남용, 폭식, 하제 사용과 비난 같은 전략은 부적응적일 것이며, 상황의 인지적 재구성, 감정과 상황의 수용, 문제 해결, 행동활성화, 자기자비, 기타 도움이 되는 전략들은 적응적일 것이다. 개인이 선택한 대처 전략은 감정에 대한 믿음과 연결된다. 예를 들어, 어떤 사람이 자신의 불안에 대하여 부정적인 믿음을 지니고 있다면(불안은 영원히 지속될 것이고, 통제할 수 없게 될 것이며, 자신을 미치게 만들 것이라는) 그는 회피, 물질남용, 폭식, 하제사용, 기타 도움이 되지 않는 반응 같은 부적응적인 대처 전략을 사용할 가능성이 높다. 반면에 어떤 사람이 감정은 위험하지 않고 자연스레 조절되는 것으로 믿는다면 이와 같은 정서 조절 전략을 덜 사용할 것이다. 이와 같이 감정에 대한 한 개인의 이론은 변화에 대한 모델(일단 그 모델이 촉발되면 '원치 않는' 감정을 증가시키거나 감소시킬 수 있는)을 포함한다. 예를 들어, 내가 지금 느끼는 감정이 내가 다섯 살 때 엄마가 나한테 말했던 방식에 의해 결정된다고 믿는다면, 현재 상황에 대한 나의 평가를 바꿈으로써 어떻게 현재의 감정이 바뀔 수 있는지에 대해서는 알 수 없을 것이다.

06

정서에 대한 믿음은 인지 편향을 반영한다

우리는 우리 자신과 다른 사람들 그리고 세상에서 일어나는 많은 사건에 대해서 인지 편향을 지닐 수 있듯이, 우리 자신의 감정과 다른 사람들이 경험하는 감정에 대해서도 똑같은 편향을 지닐 수 있다. 따라서 감정의 사회적 구성의 일부로서 정서도식 치료 모델은 개인은 감정 자체에 대해서 불안하거나 화가 나거나 우울한 것으로 구성할 수 있다고 제안한다. 우리는 자신의 불안에 대해 불안하고, 화가 난 것에 대해 화가 나고, 우울한 것에 대해 우울할 수 있다. 우리는 기분이 나쁜 것에 대해 나쁘게 느낄 수 있다. 이러한 감정에 대한 감정은 종종 감정에 대한 생각에서의 특정한 편향의 결과다.

예를 들어, 개인은 자신이 현재 느끼는 불안에 대해서 다양하게 '왜곡된' 자동적 사고를 지닐 수 있다.

점성술: 이 불안은 영원히 지속될 것이다.

파국화: 불안을 느끼는 것은 끔찍하다.

독심술: 모든 사람이 내가 불안해한다는 것을 알 것이다.

명명하기: 나는 불안한 사람이다.

선택적 여과: 나는 오로지 나의 불안한 감각만을 느낄 수 있을 뿐
이다.

당위적 사고: 나는 불안을 느껴서는 안 된다.

비난하기: 내가 불안한 것은 그녀의 잘못 때문이다.

불안에 대한 이러한 인지 편향의 결과는 무엇일까? 많은 경우에 그 결과는 불안의 증폭일 것이다. 한 개인이 자신의 불안이 영원히 지속될 것이라고 예측한다면 그는 미래의 불안에 대해 더 불안해하고 걱정하면서 불안을 느낄 만한 상황을 회피하려고 할 것이다. 만일 그가 불안을 파국화한다면 그는 불안이 얼마나 끔찍할지에 대해 불안해하고 불안의 한 가지 결과로서 손상과 장애를 예상하게 되는데, 이는 불안을 더 심화시킬 것이다. 만일 그가 자신을 불안한 사람이라고 명명하게 되면 이는 불안 감소 가능성에 대한 무력감과 무망감을 더함으로써 그는 현재의 불안에 대해 더 불안해할 것이다. 만일 자신이 적응적으로 기능하고 있는 부분은 도외시하고 자신의 불안한 감각에만 선택적으로 주의를 기울인다면 그는 자신이 초점을 두고 있는 것에 대해서 불안해지기 쉽고, 자신의 현재 생각과 감정에 휩쓸리기 쉬워진다. 만일 자신이 불안을 느껴서는 안 된다고 생각하면 그는 현재의 경험에 좌절을 느끼게 되고, 자신에게 불안을 제거해야 한

다고 요구하고, 느껴서는 안 된다고 믿는 감정을 느끼고 있는 자신을 비난하게 된다. 또한 자신의 불안에 대해서 다른 사람을 비난하게 되면 그는 불안과 분노를 함께 느끼게 될 것이고, 부가적인 문제를 일으킬 수 있는 대인 행동에 관여하기 쉬워진다.

정서 경험에 대한 의심스러운 규칙들

감정에 대한 자동적 사고 편향과 관련하여 개인은 자신의 감정에 대하여 부적응적인 가정이나 규칙을 가지고 있다. 이는 다음과 같은 믿음을 포함한다.

'좋은 감정과 나쁜 감정이 있다.'
'내가 이런 감정을 느낀다는 것을 사람들이 안다면 나를 하찮게 볼 것이다.'
'이런 감정은 나약하다는 표시다.'
'이런 부정적인 감정을 즉각 없애야 한다.'

이런 규칙들 및 이와 비슷한 다른 규칙들로 인해 개인은 어떠한 '부정적인 감정'도 견디거나 수용하지 못하게 되고, 그 부정적인 감정에 초점을 맞추고 이를 파국화하며 이를 억제하거나 제거하려고 시도하게 된다. 그 결과 반추, 걱정, 회피, 자기비난, 폭식, 과음, 자해와 같은 문제 있는 대처 전략이 활성화된다. 이런 전략들은 궁극적으로 그 두려운 감정을 없애지 못하기 때문에 내담자는 반복되는 부정적인 감정에 대해 불안해한다. 이는 자기충족적인 부정적 평가, 각성의 증가, 부정적 감정에 대한 초점의 반복, 감정에 대한 무력감으로 이어진다.

07

정서도식의 14가지 차원

정서도식치료 모델은 개인이 자신의 감정을 평가하고 해석하고 반응하는 데 사용하는 서로 뚜렷이 구분되는 14가지 차원의 전략이 있다고 제안한다. 이에는 감정에 대한 평가(죄책감/수치심, 타인의 감정과의 유사성, 이해 가능성, 수용 가능성, 복합적인 감정의 수용, 감정의 지속 시간, 통제의 필요성, 감정의 위험성)뿐 아니라 감정에 대처하는 전략(억제, 회피, 비난, 반추)이 포함된다. 앞서 언급한 부러움의 예를 생각해 보자. 나는 공정한 마음의 소유자라면 동료를 부러워하지 않을 것이라고 믿기 때문에 나의 부러움에 대해 수치심을 느낄 수 있다. 나는 다른 사람들은 이런 식으로 느끼지 않을 것이고, 다른 사람들과 달리 나 혼자만 유별난 감정을 느낀다고 생각할 수도 있다. 부러움의 감정이 이치에 닿지 않는다고 믿을 수 있다. 나는 부러움을 받아들일 수 없을지도 모른다. 나는 가까운 동료에게 이런 복합적인 감정을 느껴서는 안 된다고 생각할 수 있다. 부러움의 감정은 오랫동안 지속될 것이고, 내 삶을 온통 지배할 것이라고 믿을 수도 있다. 또한 나는 이러한 부러움을 통제하거나 제거할 필요가 있고, 그렇지 않으면 그 감정이 통제를 벗어나 나를 미친 사람처럼 휘몰아칠지도 모른다고 생각할 수 있다. 이 불쾌한 경험에 대처하기 위하여 나는 다른 사람(예를 들면, 부러움의 대상)을 비난할 수 있고, 나는 좋은 사람이고 정말로 '저런 따위의 감정'을 느끼지 않는다고 스스로 되뇌면서 부러움을 억제하려고 시도할 수도 있다. 또한 나는 그 동료를 만나는 것을 피하고 그가 저술한 어떤 책도 읽지 않으려고 할 수 있는데, 특히 그가 거둔 성공의 '부당함'에 초점을 맞추면서 이를 되새기고 곱씹을 수도 있을 것이다.

　건강한 마이클과 신경증적인 네이트의 사례를 통해 정서도식 치료 모델의 14가지 차원을 예시할 수 있다. 네이트의 예를 살펴보자. 그는 자신의 감정을 표현할 수 있다고 믿지 않기 때문에 자신이 친구로부터 이해받을 수 있을 것이라는 희망을 가질 수 없다. 그는 남자로서 강해야 한다고 생각하기 때문에 자신의 괴로움에 대해서 수치심과 죄책감을 느낀다. 그는 또한 긍정적인 감정과 부정적인 감정을 포함하여 애인과의 결별 후에 자신이 경험한 다양한 범위의 감정을 받아들일 수 없고, '내가 느끼는 진짜 감정은 무엇이지?'에 대해 곰곰이 생각한다. 그는 자신의 슬픔을 연대감 및 친밀감의 가치와 연결시키기보다는 어떤 상황에서도 평정심을 유지해야 한다는 자신의 이상과 모순되는 것으로 받아들인다. 그는 스스로 현재 순간에 이러한 감정들을 경험하도록 허용한다면 그 감정들이 느슨하게 흐트러질까 봐 두려워서

필사적으로 그것들을 통제하거나 완전히 억누르려고 노력한다. 그는 때로 무감각해지는데, 실로 어떠한 것도 느끼지 않는 것은 종종 그의 목표가 된다. 네이트는 자신이 항상 합리적이어야 하며 감정은 효율적으로 살거나 최고가 되는 데 방해가 된다고 생각한다. 그는 현재의 감정들이 무한정 지속될 것이라고 두려워한다. 그는 다른 사람들은 자신과 다르게 느낄 것이라고 믿기 때문에 자신은 늘 혼자이며 병리적이고 독특한 장애를 갖고 있다고 느낀다. 분명 해답을 찾고 사태를 말끔히 정리하고 기운을 되찾을 수 있으리라는 희망으로 그는 왜 그렇게 기분이 나쁜지, 자신에게 뭐가 잘못된 건지에 대해서 끊임없이 반추한다. 그는 현재 자신이 처한 상황에 대해 전 여자친구와 자신을 번갈아 비난하는데, 이는 멈추지 않는 정서적 혼란만을 가중시킬 뿐이다. 요컨대 그는 현재 직면한 경험을 받아들이지 못하고, 여기서 빨리 빠져나가고 싶은 시급한 욕망에 사로잡혀 있다.

Leahy 정서도식 척도 2판(Leahy Emotional Schema Scale II: LESS-II)을 사용하여 정서도식을 평가할 수 있다. LESS-II는 14가지 정서도식 차원을 측정하는 28개의 문항으로 이루어져 있는데, 〈표 7-1〉에서 볼 수 있으며, 채점 방식은 〈표 7-2〉에서 살펴볼 수 있다. 자신과 친밀한 배우자 혹은 애인이 자신의 감정에 어떻게 반응한다고 생각하는지를 측정하는 척도인 관계 정서도식 척도(Relationship Emotional Schema Scale)는 〈표 8-1〉에서 살펴볼 수 있다.

〈표 7-1〉 LESS–II

　　우리는 당신이 당신의 느낌이나 감정(예를 들어, 분노, 슬픔, 불안, 성적인 느낌)을 어떻게 다루는지에 관심이 있습니다. 이러한 감정을 다루는 방식은 사람마다 모두 다르며, 따라서 맞고 틀린 답은 없습니다. 각 문항을 꼼꼼히 읽고, 지난 한 달 동안 당신이 느낌이나 감정을 어떻게 다루었는지 다음의 척도를 사용하여 답하십시오. 빈칸에 숫자를 적으시면 됩니다.

　　　　1 = 전혀 그렇지 않다　　2 = 거의 그렇지 않다　　3 = 다소 그렇지 않다
　　　　4 = 다소 그렇다　　　　　5 = 거의 그렇다　　　　　6 = 매우 그렇다

1.　_____ 나는 종종 다른 사람들이 느끼지 않을 감정에 반응한다고 생각한다.
2.　_____ 어떤 감정은 느껴서는 안 된다.
3.　_____ 나 자신에 대해 나도 도무지 이해할 수 없는 부분이 있다.
4.　_____ 내 감정을 '밖'으로 내보내기 위해서는 우는 것이 중요하다고 생각한다.
5.　_____ 스스로 이런 감정을 느끼도록 허용한다면 통제력을 상실할까 봐 두렵다.
6.　_____ 다른 사람들은 나의 감정을 이해하고 수용한다.
7.　_____ 나 스스로도 내 감정이 이해가 되지 않는다.
8.　_____ 다른 사람들이 변한다면 내 기분은 훨씬 좋아질 것이다.
9.　_____ 스스로 강한 감정을 느끼도록 허용했을 때, 그 감정이 사라지지 않을까 봐 두렵다.
10.　_____ 내 감정이 수치스럽다.
11.　_____ 다른 사람을 괴롭히는 것들이 나를 괴롭히지는 않는다.
12.　_____ 정말 아무도 내 감정에 대해 신경 쓰지 않는다.
13.　_____ 내 감정에 민감하고 열려 있는 것보다는 합리적이고 실제적인 것이 더 중요하다.
14.　_____ 기분이 처질 때 내가 가치 있게 여기는 것, 즉 삶에서 더 소중한 것을 생각하려고 한다.
15.　_____ 내 감정을 터놓고 표현할 수 있다고 느낀다.
16.　_____ 종종 '내게 뭐가 잘못됐지?'라고 스스로 물으며 많은 생각을 한다.
17.　_____ 내 감정을 통제할 수 없을까 봐 걱정한다.
18.　_____ 어떤 감정을 느끼는 것에 대해서 조심해야 한다.
19.　_____ 강한 감정은 단지 짧은 시간 동안만 지속된다.
20.　_____ 종종 아무런 감정도 없는 사람처럼 정서적으로 '무감각'하다.
21.　_____ 다른 사람들 때문에 내 기분이 불쾌하다.
22.　_____ 우울할 때면 혼자 앉아서 내가 얼마나 기분이 나쁜지에 대해 곰곰이 생각한다.

23. _____ 다른 사람에게 느끼는 감정이 아주 분명하고 확실한 것이 좋다.
24. _____ 내 감정을 받아들인다.
25. _____ 나는 다른 사람들이 느끼는 것과 같은 감정을 느낀다고 생각한다.
26. _____ 내가 열망하는 더 높은 가치가 있다.
27. _____ 거의 모든 일에서 이성적이고 논리적인 것이 중요하다고 생각한다.
28. _____ 스스로에 대해 느끼는 감정이 아주 분명하고 확실한 것이 좋다.

© Robert L. Leahy 2012 판권 소유

〈표 7-2〉 정서도식 척도의 14가지 차원

주) **R = 역채점**(1=6, 2=5, 3=4, 4=3, 5=2, 6=1)

비타당화 = (6R + 12) / 2
6. 다른 사람들은 나의 감정을 이해하고 수용한다. **(역채점)**
12. 정말 아무도 내 감정에 대해 신경 쓰지 않는다.

이해할 수 없음 = (3 + 7) / 2
3. 나 자신에 대해 나도 도무지 이해할 수 없는 부분이 있다.
7. 나 스스로도 내 감정이 이해가 되지 않는다.

죄책감 = (2 + 10) / 2
2. 어떤 감정은 느껴서는 안 된다.
10. 내 감정이 수치스럽다.

정서에 대한 단순화된 시각 = (23 + 28) / 2
23. 다른 사람에게 느끼는 감정이 아주 분명하고 확실한 것이 좋다.
28. 스스로에 대해 느끼는 감정이 아주 분명하고 확실한 것이 좋다.

높은 가치의 결여 = (14R + 26R) / 2
14. 기분이 처질 때 내가 가치 있게 여기는 것, 즉 삶에서 더 소중한 것을 생각하려고 한다. **(역채점)**
26. 내가 열망하는 더 높은 가치가 있다. **(역채점)**

통제의 상실 = (5 + 17) / 2
5. 스스로 이런 감정을 느끼도록 허용한다면 통제력을 상실할까 봐 두렵다.

17. 내 감정을 통제할 수 없을까 봐 걱정한다.

무감각 = (11 + 20) / 2
11. 다른 사람을 괴롭히는 것들이 나를 괴롭히지는 않는다.
20. 종종 아무런 감정도 없는 사람처럼 정서적으로 '무감각'하다.

과도한 합리성 = (13 + 27) / 2
13. 내 감정에 민감하고 열려 있는 것보다는 합리적이고 실제적인 것이 더 중요하다.
27. 거의 모든 일에서 이성적이고 논리적인 것이 중요하다고 생각한다.

지속 시간 = (9 + 19R) / 2
9. 스스로 강한 감정을 느끼도록 허용했을 때, 그 감정이 사라지지 않을까 봐 두렵다.
19. 강한 감정은 단지 짧은 시간 동안만 지속된다. **(역채점)**

낮은 합의 = (1 + 25R) / 2
1. 나는 종종 다른 사람들이 느끼지 않을 감정에 반응한다고 생각한다.
25. 나는 다른 사람들이 느끼는 것과 같은 감정을 느낀다고 생각한다. **(역채점)**

감정의 비수용 = (18 + 24R) / 2
18. 어떤 감정을 느끼는 것에 대해서 조심해야 한다.
24. 내 감정을 받아들인다. **(역채점)**

반추 = (16 + 22) / 2
16. 종종 '내게 뭐가 잘못됐지?'라고 스스로 물으며 많은 생각을 한다.
22. 우울할 때면 혼자 앉아서 내가 얼마나 기분이 나쁜지에 대해 곰곰이 생각한다.

표현의 부족 = (4R + 15R) / 2
4. 내 감정을 '밖'으로 내보내기 위해서는 우는 것이 중요하다고 생각한다. **(역채점)**
15. 내 감정을 터놓고 표현할 수 있다고 느낀다. **(역채점)**

비난 = (8 + 21) / 2
8. 다른 사람들이 변한다면 내 기분은 훨씬 좋아질 것이다.
21. 다른 사람들 때문에 내 기분이 불쾌하다.

(Leahy, 2012)

08

다른 사람들은 우리의 감정에
어떻게 반응하는가

애착 이론과 감정

정서도식치료 모델은 유아와 아동은 부모에게 고통스러운 감정을 표현하면서 부모로부터 위로와 안전을 추구한다고 제안하는 애착 이론과도 연결되어 있다. 위로와 연민, 타당화를 얻기 위해서 누군가에게 다가가서 감정을 표현하는 이와 비슷한 과정은 일생 동안 지속된다. 친구나 배우자에게 할 수 있는 가장 부정적인 비판 중 하나는 그들은 상대방의 감정에 신경 쓰지 않는 사람이라는 것이다. 친밀한 관계, 우정, 부모-자녀 관계는 모두 한 사람이 다른 사람의 감정에 어떻게 반응하는지를 포함한다. 정서도식치료 모델은 정서적 사회화가 이 과정의 토대라는 것을 인식한다. 예를 들어, 내담자가 어렸을 때 감정이 상하면 부모는 이에 어떻게 반응하였는가? 부모는 아이를 놀렸는가("넌 버릇없는 망나니처럼 구는구나."), 아이의 감정을 무시했는가("걱정 마. 그

까짓 건 아무 일도 아니야."), 아니면 아이의 감정에 압도되었는가 ("나는 지금 내 문제로 너무 속상해서 너에게 신경 쓸 여유가 없어.")? 정서적 사회화와 관련해서 14장에서 논의하게 될 가트만의 연구는 부모의 이러한 반응이 아이에게 지속적인 영향을 미친다고 시사한다(Gottman et al., 1996). 이와 비슷하게 현재 관계에서 다른 사람들은 내담자의 감정에 어떻게 반응하는가?

관계 정서도식 척도(Relationship Emotional Schema Scale: RESS)는 내담자가 감정이 상했을 때 배우자 혹은 애인이 자신의 감정에 어떻게 반응한다고 생각하는지를 평가한다(〈표 8-1〉 참조). 14개의 문항에 내담자는 배우자 혹은 애인이 자신의 감정에 어떻게 반응하는지를 기술한다. 14문항의 점수를 합산하여 '감정에 대한 부정적 견해' 점수를 산출한다. 자신의 감정에 대한 파트너의 부정적 견해는 관계 불만족과 높은 상관을 보인다. 이에 더하여 내담자는 배우자 혹은 애인의 가장 긍정적인 반응과 가장 부정적인 반응이 각각 무엇인지를 질문지에 표시한다.

정서도식치료 모델은 정서적으로 지지적인 환경이 관계에서 핵심 요소라고 제안한다. 중요한 타인이 내담자의 감정에 대해서 그를 비난하고, 그의 감정을 타당화하지 않으며, 표현을 좌절시키고, 그의 감정을 독특하고 이상한 것으로 바라보고, 그의 감정을 영원히 지속될 것으로, 통제를 잃은 것으로, 그리고 이해할 수 없는 것으로 보면서 모든 것에서 합리적인 것이 가장 중요하다고 주장한다면 정서적으로 처벌적이고 가혹한 환경이 조성되는데, 그 속에서 내담자는 인간관계에서 자신의 감정을 드러낼 수 있는 안전한 곳이 없다고 느끼게 된다. 예를 들어, 남편으로부터 끊임없이 '감정 하나 제대로 통제하지 못하고 늘 비이성적인 사람'이라는 비난을 들어온 한 여성은 그 말을 들으면 더 소외감이 들고 화가 나며, 더 나아가서 자신의 감정 경험과 현실 지각에 의문이 생긴다고 기술하였다. 우리가 친밀한 관계를 애착 반응의 반영으로 이해한다면 한 배우자가 다른 배우자의 고통스러운 감정 표현을 거부하는 것은 부모가 자녀의 고통을 위로하지 않을 뿐 아니라 그 경험을 처벌하는 것과 유사하다.

어떤 사람들은 감정 표현과 타당화를 격려하는 것, 심지어는 감정을 이야기하는 것만으로도 '문제의 불씨'를 키우게 될 것이고, 결국 정서적으로 느슨하게 흐트러져서 정서적인 고통이 그들을 압도하게 될 것이라고 믿는다. 이러한 반애착적인 반응은 관계에서의 정서에 대한 믿음이 어떻게 쓸모없고 파괴적인 반응을 낳으며, 이는 어떻게 또다시 '견딜 수 없는' 정서적 고통을 역설적으로 더 심화시키는지를 잘 보여 준다. 정서도식치료 모델은 상대방의 감정을 위한 안전한 공간을 마련하고 그의 감정에 대해 흥미와 관심을 보이며 감정을 타당화하고 수용하는 것은 그에게 위안을 주고, 그의 힘든 감정을 진정시키며, 서로 간에 더 큰 신뢰와 친밀감을 쌓고, 상호 연민을 촉진할 것이라고 제안한다.

〈표 8-1〉 관계 정서도식 척도

'나의 파트너는 나의 감정을 어떻게 다루는가?'

우리는 당신이 고통스럽고 힘든 감정을 느낄 때, 당신의 파트너(배우자나 애인)가 이에 어떻게 반응한다고 생각하는지에 관심이 있습니다. 다음의 6점 척도를 사용하여 당신의 감정에 대한 파트너의 반응을 가장 잘 기술한다고 생각되는 답을 골라서 빈칸에 숫자를 적으십시오. 당신에게 파트너가 있을 경우에만 이 질문지를 완성하십시오.

1 = 전혀 그렇지 않다	2 = 거의 그렇지 않다	3 = 다소 그렇지 않다
4 = 다소 그렇다	5 = 거의 그렇다	6 = 매우 그렇다

이해 가능성	나의 파트너는 내가 내 감정을 잘 이해할 수 있도록 돕는다.	
타당화	나의 파트너는 내가 나의 감정을 이야기할 때, 내가 이해받고 돌봄을 받는다고 느끼도록 돕는다.	
죄책감/수치심*	나의 파트너는 내가 느끼는 방식에 대해 나를 비판하고 수치심과 죄책감을 느끼게끔 한다.	
감정 분화	나의 파트너는 내가 복합적인 감정을 느껴도 괜찮다는 것을 이해하게끔 도와준다.	
가치	나의 파트너는 나의 고통스러운 감정을 중요한 가치와 연결 지을 수 있도록 도와준다.	
통제*	나의 파트너는 내가 감정을 통제하지 못한다고 생각한다.	
무감각*	나의 파트너는 내가 나의 감정을 이야기할 때 무감각하고 무관심한 것 같다.	
합리성*	나의 파트너는 내가 번번이 비이성적이라고 생각한다.	
지속 시간*	나의 파트너는 나의 고통스러운 감정이 멈추지 않을 거라고 생각한다.	
합의	나의 파트너는 다른 사람들 또한 내가 느끼는 방식과 비슷하게 느낀다는 것을 내가 깨닫도록 돕는다.	
수용	나의 파트너는 나의 고통스러운 감정을 받아들이고 견디면서 내가 바뀌도록 강요하지 않는다.	
반추*	나의 파트너는 내가 왜 이런 식으로 느끼는지를 계속 생각하며 곱씹는 것 같다.	
표현	나의 파트너는 내가 나의 감정을 표현하고 내가 느끼는 방식에 대해 이야기할 수 있도록 격려한다.	
비난*	나의 파트너는 내가 그렇게 감정을 상해 하는 것에 대해 나를 비난한다.	

주) *는 역채점(1=6, 2=5, 3=4, 4=3, 5=2, 6=1)

이제 이 14문항을 되돌아보며 다음 질문에 답하십시오.

당신의 파트너가 당신에게 반응하는 가장 나쁜 방식 세 가지는 무엇입니까?

_____ , _____ , _____

당신의 파트너가 당신에게 반응하는 가장 좋은 방식 세 가지는 무엇입니까?

_____ , _____ , _____

09

정서 예측

미래의 정서를 예측하기

최근 들어 사람들이 자신의 감정을 어떻게 예측하고 또한 어떻게 회상하는지에 대해서 점차 관심이 증가하고 있다(Wilson & Gilbert, 2003). 정서 예측의 경우에 우리는 종종 '만일 어떤 사건이 일어난다면 우리는 어떻게 느끼게 될 것이라고 예상하는가?'와 같은 질문을 마주하게 된다. 이때 우리의 예측은 정확한가? 예를 들어, 사람들은 종종 긍정적이든 부정적이든 삶의 특정한 사건이 미래의 정서 경험에 지속적이고 심각한 영향을 미칠 것이라고 믿는다. '내가 이혼을 한다면 평생 불행할 거야.' 혹은 '직장을 잃게 된다면 항상 우울할 거야.'라고 믿을 것이다. 불행하게도 우리의 미래의 정서 예측은 종종 전혀 정확하지 않다. 예를 들어, 회복탄력성에 관한 연구 결과 다양한 범위의 중요한 부정적인 생활사에 걸쳐서 약 85%의 사람은 그 사건 후 일 년이 지나면 자신의 기저 행복 수준으로 되돌아온다(Bonanno, 2009). 이에 는 이혼, 실직, 신체장애, 재정 손실, 기타 생활 사건과 같은 극 적인 사건들이 포함된다. 우리는 부정적인 사건들로부터 회복하 는 자신의 능력을 과소평가하는 경향이 있다. 실제로 외상 사건 에 노출된 사람들 중에서 적은 비율의 사람만이 결국 외상 후 스 트레스 장애(PTSD)로 발전하는데, 이는 사람에게 역경으로부터 '회복'하는 상당한 능력이 있음을 반영한다. 그러나 우리는 종종 부정적인 사건이 우리의 삶에 거의 영구적으로 부정적인 영향을 미칠 것이라고 믿는 경향이 있다.

이러한 예측 편향은 부정적인 사건에만 국한되지 않는다. 우 리는 종종 긍정적인 사건이 감정에 미칠 긍정적인 영향에 대해 서도 과대평가한다. 우리는 복권에 당첨되거나, 정년을 보장받 거나, 결혼을 하거나, 아이를 갖거나, 많은 돈을 벌거나, 꿈에 그 리던 집을 산다면 오랫동안 엄청나게 행복을 느낄 것으로 생각 한다. 그러나 긍정적인 사건의 장기 효과 연구에서는 긍정적 인 정서적 영향이 오래가지 못한다는 것을 보여 준다. 부정적 인 사건과 긍정적인 사건 모두에서 우리는 해당 감정의 유인성 (valence)과 지속 시간을 과도하게 예측하는 경향이 있다. 추정 컨대 긍정적일 것으로 예상되는 사건은 종종 긍정적인 느낌들의 폭발로 이어지지만, 우리가 새로운 소유물, 지위, 관계 혹은 '이 점'에 익숙해지거나 길들임에 따라서 이러한 폭발적인 감정은 곧 시간과 함께 사라진다. 이는 이내 익숙해질 보상을 줄곧 쫓아 다닌다는 면에서 종종 '쾌락의 쳇바퀴'라고 불린다(Mancini et al.,

2011). 물론 사람들은 이러한 습관화를 좀처럼 예상하지 못한다. 사람들은 중요한 목표를 획득하거나 달성했을 때 느끼게 될 쾌락이 영구히 사라지지 않을 것이라는 예상을 선뜻 접으려고 하지 않는다. 그러나 우리는 심리적인 행복 혹은 불행에 쉽게 습관화되며, 쉽게 원래의 기저 수준으로 되돌아오는 경향이 있다.

많은 연구 문헌에서 이 분야는 '정서 예측(affective forecasting)'으로 불리고 있고, 상당한 관심을 받아 왔다(Wilson et al., 2000; Wilson & Gilbert, 2003). 정서 예측의 한 가지 결과는 '시간 할인(time discounting)'이다. 이는 우리가 종종 장기적인 더 큰 이득보다는 단기적인 더 적은 이득을 선호한다는 것을 의미한다. 우리는 자신의 행위의 단기적인 결과를 중시하면서 장기적으로 더 유익한 결과를 기다리는 것의 가치를 평가절하하거나 최소화한다. 그에 따라서 장기적으로 이로운 결과를 얻는 과정에서 겪게 될 일시적인 불쾌한 경험을 기꺼이 견디려고 하지 않는다. 이처럼 우리는 일반적으로 장기적인 이득보다는 단기적인 만족을 더 선호하는 '근시안적인' 경향이 있다(Frederick et al., 2002). 우리는 과식, 과음, 과소비, 운동하지 않는 것, 기타 명백한 자기패배적인 행동에서 단기적인 욕구 충족을 더 선호하는 근시안적인 경향을 확인할 수 있다. 우리는 어떤 것을 지금 당장 얻기를 원한다. 충동성의 중심에는 시간 할인이 있다. 우리는 종종 '게으름은 그 자체가 보상'이라고 생각한다.

정서 휴리스틱(emotion heuristics)

우리의 미래의 정서(그것의 강도, 극단성, 지속 시간)에 대한 믿음은 우리가 현재의 감정과 선택에 대해 어떻게 생각하고 어떻게 대처하는지를 결정하는 핵심 요인의 하나라는 점에서 볼 때, 정서 예측은 정서도식치료 모델과 서로 연결된다. 이렇게 확연하게 편향된 예측을 어떻게 설명할 수 있을까? 정서 예측 모델은 우리가 **휴리스틱**, 즉 주먹구구식 어림법에 기초하여 미래의 감정을 예측한다고 제안한다. 이는 자동적으로 유발되는 지름길의 규칙들인데, 많은 경우 우리를 편향된 예측으로 이끈다. 그중에 한 가지 휴리스틱이 '면역 경시(immune neglect)'인데, 이는 우리의 미래의 정서에 영향을 미칠 수도 있는 미래의 완화 요인들을 고려하지 않는 경향성을 일컫는다(Gilbert & Andrews, 1998). 예를 들어, 이혼한 지 일 년 뒤에 우리의 감정이 어떨지를 예상할 때, 우리는 새로운 관계, 직장에서의 보상적인 경험의 기회, 개인적 성장이나 여행에서의 새로운 경험, 현재 배우자와의 갈등이 사라짐 등을 고려하지 않는다. 이렇듯 예상치 못하게 '끼어드는' 경험들은 장기적인 정서적 어려움에 하나의 '면역력'을 제공할 수 있다. 그러나 우리는 종종 우리가 두려워하는 부정적인 정서로부터 우리를 '보호'해 줄 수 있는 요인들을 예상하는 데 실패한다.

또 다른 휴리스틱으로는 다른 가능한 요인들을 배제하고 한

가지 세부 사항에만 초점을 맞추는 '초점화(focalizing)'를 꼽을 수
있다(Wilson et al., 2000). 예를 들어, 이혼의 경우에 우리는 휴일
에 혼자 지내는 적적함에만 초점을 맞추고, 친구들이나 다른 가
족과 함께 시간을 보내는 등 이혼 후의 다른 가능한 보상 경험
에는 시선을 두지 못할지도 모른다. 우리는 현재의 감정에 '닻
을 내림'으로써 '정서 휴리스틱'을 사용한다. 이는 우리가 현재의
감정에 기초하여 미래 감정을 예측하도록 이끈다. 우리는 복권
에 당첨되어 흥분하면 이 흥분이 오래갈 것이라고, 심지어 영원
할 것으로 생각한다. 관계가 끊어져서 슬픔을 느끼면 그 슬픔과
외로움이 영속할 것이라고 믿는다. 이는 또한 정서적 추론('나는
슬프다. 고로 나의 슬픔은 계속될 것이다.')의 한 형태로 이해할 수
있다.

정서 기억

정서 예측의 필연적 결과는 '정서 기억', 즉 우리가 과거에 느
꼈던 감정을 회상해 내고, 이러한 감정이 사건, 생각 및 행동과
어떻게 연결되는지, 그리고 이러한 변인들이 바뀌면 감정은 어
떻게 바뀔 수 있는지를 아는 능력이다(Levine et al., 2009). 이전
의 정서 경험에 대한 기억은 그 감정의 강도에 대한 과소평가 혹
은 과대평가를 수반할 수 있다(Kaplan et al., 2016). 이에 더하여
이전의 감정에 대한 기억은 자신이 지금까지 해 온 것에 대한 현

재의 믿음에 의해 영향을 받는다(Safer et al., 2002). 예를 들어, 우리는 우울할 때 주로 과거의 상실을 회상하는 경향이 있는데, 이는 세상이 정말로 암울하다는 우리의 믿음을 확증해 주고 우리를 더 우울하게 만든다. 우리는 우울한 상태에 있지 않을 때 느꼈던 많은 행복한 경험 혹은 중립적인 경험을 쉽게 회상하지 못한다. 이는 분노의 경우에도 마찬가지다. 우리는 배우자에게 화가 났을 때, 과거의 모든 '상처'와 '실망' '불공평함'을 곧잘 회상하면서도 즐겁거나 낭만적이거나 긍정적이었던 수많은 경험은 회상하지 못할지 모른다. 정서 기억의 부정확함을 무엇으로 설명할 수 있을까? 몇 가지 요인이 밝혀졌다. 이에는 현재의 감정에 기초하여 과거의 감정을 과대추정하는 경향, 일반적인 에피소드보다는 '절정 경험'에 초점을 맞추는 경향(Fredrickson & Kahneman, 1993), 사건의 맥락을 회상함으로써 '정서 기억'을 재구성하고는 그때 응당 느꼈을 것으로 생각되는 감정을 떠올리는 경향 등이 포함된다. 따라서 감정에 대한 우리의 기억은 전적으로 진실하지 않다.

정서 기억에서의 이러한 편향은 우울증에서 나타나는 동기 결여와 밀접하게 관련된다. 예를 들어, 우울한 내담자들에게 행동 활성화를 통해 생산적인 활동에 참여하도록 격려하면 그들은 종종 즐거움의 증가를 보고한다. 그렇다면 이해할 수 없는 부분은 그들이 왜 스스로는 이와 같은 행동을 하지 않는가 하는 것이다. 정서 기억 연구를 통해 알 수 있는 것은 우울한 사람들이 과거 '생산적인 활동'에 참여했을 때 경험한 긍정적인 감정을 종종 잊

어 버린다는 것이다. 사실상 '보상적인 감정'에 대한 이러한 회상 결핍은 무력감의 '논리'를 잘 설명해 준다. 과거에 이 행동에 참여했을 때 경험한 긍정적인 감정을 회상할 수 없을 때, 더 이상 어떤 노력도 기울이고 싶지 않은 것은 이치에 닿는다.

정서도식치료 모델은 정서 예측과 정서 기억에 관한 연구와 이론을 통합적으로 흡수한다. 예를 들어, 치료자는 내담자에게 미래의 감정에 대한 예측을 구체화하도록 요청할 수 있다. 그런 후에 치료자는 몇몇 질문을 통해서 이러한 예측의 토대를 탐색할 수 있다. 가령, "당신은 미래에 끼어들지도 모르는 긍정적인 경험의 가능성을 무시하고 있지는 않나요?" "당신은 과거에 늘 잘못해 왔습니까?" "당신이 현재 느끼는 감정이 영원히 지속될 것으로 예측한 적이 자주 있습니까?" "부정적인 혹은 긍정적인 사건이 영구적인 영향을 미칠 것이라고 믿는 것의 결과는 무엇이었나요?" 등이 그와 같은 질문의 예가 된다. 더욱이 한 주 동안의 활동을 계획하고 이와 연결하여 감정을 예측하는 데 초점을 맞추는 '주간 활동 계획표'를 통해서 예측이 종종 정확하지 않음을 보여줄 수 있다. 정서 예측에서의 이러한 오류들은 감정의 지속 시간, 통제 가능성, 손상의 차원을 다룰 때 중요하게 언급될 수 있다.

더욱이, 정서 예측과 감정 기억의 편향을 검토하는 것은 문제 있는 의사 결정 양식을 수정하는 데 도움이 된다. 예를 들어, 불안한 사람은 과거의 불안을 과대추정하는 경향이 있는데, 이러한 경향 때문에 그는 도전이 예상되는 새로운 상황에 직면하기

를 꺼리게 된다. 불안한 상황이 습관화(habituation)된다는 사실
을 '망각'함으로써 도전에 직면해서는 안 된다는 잘못된 믿음이
확증된다. 이와 유사하게 우울한 사람은 과거의 즐거운 경험을
회상하지 못함으로써 현재 잠재적으로 긍정적인 행동에 참여하
려는 결정의 동기가 낮아진다. 정서도식치료 모델은 내담자에게
감정 기억과 정서 예측에서의 이러한 편향을 알려 주고, 이러한
회상과 예측을 검증하기 위하여 정보를 수집하는 전략을 제공해
준다. 정서도식치료 모델은 초점화, 현재 감정에 근거하여 판단
하기, 지속 시간에 대한 착각, 면역 경시 등의 효과를 검토하면
서 정서 예측이 어떻게 이루어지는지를 세밀히 고려한다.

10

정서의 정상화와 병리화

우리는 일반적으로 어떤 감정들은 정상적이지만 어떤 감정들은 문제가 있고 특정인들에게만 존재한다고 생각한다. 앞서 감정 지각에서의 역사적이고 문화적인 차이에 대한 논의에서 살펴보았듯이, 감정에 '정상/이상'이라는 이름을 붙이는 것은 감정의 필수적인 요소가 아니라 감정의 사회적 구성의 일부다. 이에 더하여 모든 감정은 유전자의 생존을 증가시키는 진화적인 가치를 지니기 때문에 진화한 것이라는 관점을 취한다면 인간은 모든 감정을 느낄 수 있다는 자연스러운 결론에 도달한다(Gilbert, 2009).

정서도식치료 모델은 어떤 감정을 '좋거나 나쁜' 혹은 '정상적이거나 비정상적인' 것으로 보지 않고, 단지 그 감정에 대한 경험과 개인의 대처 전략이 어떻게 그 개인에게 문제가 되는지의 관점에서 바라본다. 예를 들어, 부러움의 경험이 아무리 불쾌하더라도 부러움은 보편적인 감정으로 볼 수 있다. 부러움의 진화적 기초는 우리 인간종과 다른 종들의 진화 과정에서 지배 서열의 중요성과 연결되며, 지위를 위한 경쟁은 자원이 한정된 세상에서 생존 가치를 지니고 있다. 실제로 버트런드 러셀은 공정한 분배에 대한 요구의 기저에는 부러움이 깔려 있기 때문에 부러움이 없다면 민주주의도 없었을 것이라고 주장하였다(Russell, 1930/2006). 더욱이 부러움이 존경과 경쟁, 동기 부여로 전환될 수 있는 것이라면 부러움에는 긍정적인 측면이 있을 것이다.

감정의 병리화

감정을 정상화한다는 것은 그 감정 경험이 유쾌하다거나, 그 대처 전략들이 유용하거나 정당화될 수 있다는 것을 의미하지 않는다. 예를 들어, 부러움을 정상화하는 것은 다른 사람들의 성공을 깎아내리는 것이 유용하거나 정당화될 수 있다는 것을 뜻하지 않고, 단지 그에 따라 행동하도록 동기가 유발되는 것이 이해할 만하다는 것을 의미한다. 자신의 감정(혹은 타인의 감정)을 병리화한 결과, 부적응적인 대처 전략들이 활성화된다. 예를 들어, 우리는 분노, 불안, 질투 혹은 부러움을 병리화할 수 있는데("나는 이러한 감정을 느끼지 말아야 해. 이것은 나쁜 감정이야. 내가 이런 식으로 느끼는 걸 보면 나는 사악한 사람임에 틀림이 없어. 이것은 위험한 감정이야."), 이는 이러한 감정에 대해 수치심과 죄책감을 느껴야 하며 이를 즉시 없애야 한다는 믿음으로 이어진다. 치료는 종종 '비정상의 정상화'를 포함한다.

　정서도식치료 모델은 한 개인의 감정 경험 속에는 자신의 사적 경험이 다른 사람의 그것과 근본적으로 다를지도 모른다는 염려가 포함되어 있음을 인정한다. Weiner(1986)에 의해 발전한 귀인 모델과 유사하게 그 개인은 자신의 정서 경험이 다른 사람들과 일치하지 않는다고 믿는다. 이는 '내게 뭐가 잘못됐지?'라는 대답할 수 없는 질문에 초점을 맞춘 자기의심, 수치, 자기비판, 회피, 반추로 이어진다. 자신의 감정을 독특성과 병리의 관점으로 바라보는 이러한 견해와 대조적으로 우리는 자신의 감정을 보편화할 수 있고(자신만이 이런 감정을 느끼는 것은 아니며, 이것이 인간다움의 일부라는 것을 깨달을 수 있고), 우리의 시선이 자기수용과 자기자비를 향하도록 하기 위한 기틀을 마련할 수 있다. 예를 들어, 우리는 자신의 경험을 보편화하면서(어느 다른 사람들처럼 자신도 어떤 감정에 대해 힘겹게 대처하고 있음을 인정하면서) 자기자비(즉, 자신을 향한 자애, 수용, 따뜻함, 그리고 자기비판, 우울, 불안의 감소)를 키울 수 있다(Davidson & Neff, 2016 참조).

　자신의 경험을 탈병리화하는 수단으로서 비슷한 감정을 경험하는 타인들을 조사하고, 이러한 감정을 반영하는 음악, 미술, 문학, 영화 작품을 살펴보고, 같은 경험을 지닌 타인에게 연민을 보냄으로써 감정의 정상화가 이루어질 수 있다. 치료자는 내담자에게 다음과 같은 질문을 할 수 있다. "어떤 감정이 문제가 되나요? 이 감정이 왜 문제가 되나요? 이 감정이 전 세계 모든 사람이 경험하는 감정이라는 것을 알게 된다면 이게 무슨 의미가 있을까요? 좋고 나쁜 감정이란 게 있을까요? 당신이 존경하는 사람 또한 당신과 같은 감정을 느낄까요? 당신은 어떤 감정을 없애고 싶나요? 어떤 감정을 나쁜 감정으로 만드는 것은 무엇인가요?"치료자는 내담자가 감정은 누구나 경험하는 것이며, 감정은 그 자체로 좋거나 나쁘지 않다는 것을 깨달을 수 있도록 안내한다. 오히려 개인에게 해가 될 수 있고 문제가 되는 것은 그가 하는 선택이며, 자신에게 어떤 특정 감정을 제거하도록 요구하는 것은 불가능한 일이다.

우리는 자신의 감정을 '이상한' 것으로 보는 것처럼, 상대방의 감정을 이상한 것으로 볼 수 있다. 예를 들어, 갈등을 겪는 부부의 경우에 한 배우자가 상대 배우자의 감정을 '이상하다.' '병적이다.' '신경증적이다.' '얼토당토않다.'고 보는 것은 드물지 않다. 상대방의 감정에 대한 비판은 경멸과 마찬가지로 소통을 가로막고 갈등을 악화시키며 상호 비방을 촉진한다. 이와 반대로 상대방의 감정을 정상화하는 것은 타당화를 돕고, 상대방의 감정에 대한 호기심을 불러일으키며, 심지어는 상호 간 문제 해결을 도울 수 있다. 우리는 커플을 위한 정서도식치료 모델을 다른 장에서 살펴볼 것이다.

11

정서 포괄성에 대한 비유

　나는 감정을 강박사고, 걱정, 반추, 그리고 외상 사건과 관련한 이미지 및 신체 감각을 특징짓는 침투사고와 유사한 것으로 비유한다. 따라서 우리가 Wells(2008)에 의해 발전한 메타인지 모델을 적용한다면, '침투적 감정(intrusive emotion)'은 Wells(2007)가 인지적 주의 증후군으로 기술한 것처럼 감정에 대한 자기초점의 증가, 감정 억제의 시도, 과도한 관여, 기타 도움이 되지 않는 반응을 초래할 것이다. 이와 비슷한 선상에서 우리는 자신의 강박적 침투사고와 싸우고 있는 개인이 이러한 침투사고를 개인적 관련성, 책임감, 위험 및 통제의 관점에서 평가한다는 것을 알고 있다(Clark, 2005). '원치 않는' 감정에 대한 반응에는 이와 비슷한 과정이 포함된다. 그 개인은 자기초점이 고조되고, 그 감정을 '원치 않는' 것으로 보며, 그 감정을 없앨 필요가 있다고 믿고, 그 감정을 억제하려는 시도에 관여하게 되는데, 그 시도가 실패하면서 역설적이게도 그 감정은 더욱 현저하게 증가하는 결과가 나타난다.

포용과 수용

감정을 제거할 필요가 있다는 관점의 대안으로 정서도식치료 모델은 '포용과 수용'을 제안하는데, 이를 통해 개인은 감정을 수용하고, 감정을 위한 공간을 만들며, '배경 소음'과도 같은 감정과 함께 살아가는 법을 배운다. 이는 풍요로운 삶 속에는 다양한 범위의 감정들이 포함되고 용인되고 경험될 수 있다는 견해를 반영한다. 따라서 그 목표는 특정 감정을 없애는 것이 아니라, 그 감정을 위한 공간을 만들고, 감정을 판단하지 않으며, 감정이 자신의 순간을 갖도록 허용하면서 다음 순간으로 넘어가도록 하는 것이다. 정서도식치료 모델은 한편으로 불쾌한 감정과 경험을 정상화하면서, 온전한 삶은 개인이 자신에 대한 이상화된 견해와 충돌하는 듯 보이는 감정들을 경험하고 견디며 이로부터 배우는 능력을 요구한다는 것을 인식한다.

정서도식 모델은 더 온전하고 의미 있는 삶에서 '불쾌한' 감정을 포함하여 다양한 범위의 감정들을 포용하는 능력을 향상하려고 한다. '좋은 것을 느끼려고' 하기보다는 오히려 '모든 것을 느낄 수 있는' 삶을 살아가는 것을 목표로 삼는다(Leahy, 2015). 침투사고에 대한 부적절한 대처 과정에서 보는 것처럼, 정서도식 치료 모델은 감정을 차단하고 억제하고 제거하려는 시도는 감정 경험에 대한 공포와 예민성을 유지하는 데 기여할 것이라고 제안한다. 정서도식치료 모델은 감정 경험을 삶의 폭넓은 경험의 한 부분으로 수용할 것을 격려한다. '원치 않는 감정'에 대한 인식과 수용을 강조하는 이러한 모델은 수용과 마음챙김을 강조하는 흐름, 그리고 '침투적인' 사고나 충동을 관찰하고 견디는 것을 중시하는 메타인지 모델과 맥을 같이한다(Hayes, 2004; Linehan, 1993; Wells, 2008). 정서도식치료 모델은 '유인성이 단일한(univalent)' 감정(예를 들어, '나의 모든 감정은 긍정적이어야 한다.')을 가정하지 않는다. 따라서 이 모델에서는 양가감정이 정상화된다.

"당신이 좋아하지 않는 감정을 느낄 때 어떤 일이 벌어지나요?"와 같은 질문을 던지면서 감정의 포용과 수용에 대한 논의를 시작할 수 있다. 이러한 질문은 감정을 참을 수 없음, 감정에 대한 두려움, 감정으로부터 도피하려는 시도와 관련한 논의로 이끌 수 있다. '나는 이 감정을 견딜 수 없어. 당장이라도 이것을 없애야만 해.'라는 내담자의 믿음이 그 부정적 감정에 대해서 이차적인 부정적 감정을 불러일으키고 또한 확대하지는 않는지 검토해볼 수 있다. "이것은 타오르는 불에 기름을 붓는 것과 같지 않을까요?" 치료자는 다음과 같이 말할 수 있다. "당신이 자신의 감정으로부터 도망가려고 하는 것은 당신 자신으로부터 도망가려는 것과 같아요. 당신은 그렇게 멀리 가지 못할 거예요." 그러나 이때 내담자는 딜레마를 제기할 수 있다. "내가 이 감정을 없애지 않으면 나는 거기에 사로잡혀 옴짝달싹하지 못하고 압도되어 버릴 거예요." 이때 치료자는 다음과 같이 말할 수 있다. "그 것은 마치 내 삶의 여정 중 어느 한 곳에서 멈춰서면 나는 거기 서 영원히 머물게 될 거라고 말하는 것과 같아요."

정서도식치료 모델은 각각의 감정은 우리가 인정하고, 수용하고, 정상화하고, 관찰하고, 삶의 또 다른 지점으로 흘려보내는 일시적인 경험이라고 제안한다. 이에 더하여 치료자는 우리 각자가 모든 범위의 다양한 경험, 감정, 기억, 심지어 고통까지도 포용할 만큼 충분히 크고 넓은 삶을 구축할 수 있다고 제안할 수 있다.

살아 있는 시냇물

포용의 관념은 시냇물이 흘러 큰 호수로 모여드는 이미지로 비유될 수 있다. 감정을 포용한다는 것은 우리가 감정의 원천을 가로막고 차단하기보다는 더 넓은 경험의 저장소에 다양한 감정들을 담을 수 있음을 의미한다. 살아 있는 시냇물의 비유에서, 감정은 시냇물처럼 우리가 그 순간을 살아 낸 많은 경험을 담은 커다란 호수로 흘러든다. 예를 들어, 분노는 한 시냇물에서 발원하여 끊임없이 유입되는 모든 경험을 담아 내는 더 큰 호수로 흘러들어가는 감정이다. 치료자는 내담자에게 이 경험의 호수는 매우 거대하여 오고 가는 어떠한 감정도 다 담을 수 있다고 상상하도록 격려한다. 이에 더하여 시냇물의 비유는 감정들이 흘러들고 흘러나가고 새롭게 교체된다는 것을 보여 준다. **구름의 비유**와 같은 유동성의 비유는 감정이 일시적이고, 통제할 수 없으며, 멀리서 관찰할 수 있다는 것을 보여 준다.

감정의 풍경

감정의 풍경 비유는 각각의 감정들이 이 풍경 안에서 자신의 자리를 차지하고 있고, 개인은 한 감정 경험에서 다른 감정 경험으로 이동할 수 있음을 보여 준다. 따라서 상사에게 분노를 느끼고 있는 한 내담자는 분노가 이 풍경 내에 있는 어느 한 교차로에서 일어났지만, 이 풍경을 가로질러 또 다른 감정의 지점(예를 들어, 업무에 대한 호기심, 건강을 돌봄, 자녀를 향한 애정, 여가 활동의 즐거움)으로 발걸음을 옮길 수 있음을 받아들일 수 있다. '화가 나서 도저히 참을 수가 없어.'라고 생각하기보다는 '나는 이 순간 상사에게 화가 나지만 또한 내가 다룰 수 있는 다른 감정들에 초점을 맞출 수 있어.'라고 생각하며 자신의 감정들을 관찰할 수 있다. **감정의 풍경** 비유는 개인이 한 감정에서 다른 감정으로 이동하려고 할 때, 옮기고 가로지르고 관찰하고 수용하고 내려놓는 것의 모델을 제공한다. 풍경 내에서의 이러한 역동적인 여행은 종종 불쾌한 감정을 동반하는 반추의 과정을 역전시킨다.

감정 렌즈

감정 렌즈는 내담자가 자신의 경험을 다른 감정의 시각(즉, 감정 렌즈)에서 관찰해 보도록 격려하는 또 다른 비유이다. 예를 들어, 앞선 사례에서 상사에게 화가 난 여성은 상사의 경험을 연민의 렌즈로 바라볼 수 있다. '그는 무엇 때문에 힘들어하고 있을까? 그의 삶은 어떻게 힘든가?' 또는 도전받는 느낌의 렌즈로 바라볼 수도 있다. '이 업무는 내게 도전을 주고, 새롭고 흥미로운 일을 시도할 수 있는 자극을 준다.' 감정 렌즈는 감정적 시각의 유연성을 격려하는데, 내담자는 각기 다른 감정의 렌즈를 끼고 현재의 순간을 상상하고 체험해 보는 실험에 참여한다. 감정 렌즈는 불쾌하게 느껴지는 감정을 부인하거나 억제하지 않고, 오히려 내담자가 그 순간에 다른 감정 경험을 체험해 보도록 돕는다.

구름

구름의 비유를 통해서 내담자는 감정을 통제하거나 억제할 필요가 있다는 생각을 시험해 볼 수 있다. '나의 현재 감정을 하늘에 떠다니는 구름으로 바라본다면, 즉 내가 한 걸음 뒤로 물러서서 그것을 그대로 놔둔다면 그저 바라보는 그 순간에 그것은 나

에게 어떻게 느껴질까?' 침투사고에 대해서 Wells가 사용한 방법
과 유사하게, 이러한 마음챙김 거리 두기 연습을 통하여 내담자
는 통제를 내려놓고 그 구름(즉 감정)이 흘러간다는 것을 인식할
수 있다. '불쾌한 감정'을 떠다니는 구름으로 관찰하는 것에 더하
여 내담자는 또한 유쾌한 감정에 대해서도 그렇게 상상해 볼 수
있다. 내담자가 거리를 두고 행복한 감정이 흘러가는 것을 관찰
하고 상상할 때, 그는 다시는 그러한 감정을 느끼지 못할 것이라
고 아쉬워할까? 관찰하고 내려놓는 것이 늘 상실감, 무력감, 패
배감으로 귀결될까?

교향곡

정서 포용성은 또한 **교향곡**에 비유할 수 있다. 이 비유에서 내
담자는 각각의 감정을 한 교향곡의 일련의 악장이나 선율로 상
상하도록 격려된다. 한 교향곡은 느린 악장과 빠른 악장, 높은
선율과 낮은 선율이 서로 교차하며 시간과 함께 흘러간다. 내담
자가 교향곡의 다양한 악장과 선율을 상상할 때, 치료자는 "한
교향곡이 높은 선율로만 이루어진다면 어떻게 될까요?"라고 질
문할 수 있다. 한 교향곡의 완성도는 다양한 선율, 악장, 대비,
크레센도가 어우러진 포괄성이다.

이러한 포괄성의 다양한 비유는 자신이 경험하고 있는 감정에
대해 사용될 수 있을 뿐 아니라, 다른 사람들의 감정에 대해 생

각할 때에도 같은 비유가 사용될 수 있다. 이런 식으로 우리는 자신이 다른 사람을 향해 지니는 다양한 감정과 다른 사람이 삶의 경험을 통해 느끼는 다양한 감정을 상상해 봄으로써 마음 이론이 증진된다. 예를 들어, 한 내담자는 자기를 속여 돈을 가로채려고 했던 사람에게 화가 났다. 치료자는 내담자에게 그 사람한테 느꼈던 다른 모든 감정(그를 좋아했고, 함께 있는 게 좋았고, 함께 웃었던)을 상상해 보라고 격려했다. 치료자는 또한 내담자에게 그 사람이 최근에 느꼈을 법한 다양한 범위의 감정(아내와의 결별, 어머니의 병환, 고독과 관련한 감정)을 상상해 보도록 요청했다. 내담자가 그 사람을 이해하기 위해 감정 렌즈를 적용했을 때, 그의 분노는 가라앉았고 연민의 감정이 일어났다. 감정 렌즈의 비유는 내담자에게 자신의 감정뿐 아니라 다른 사람의 감정의 다양성을 고려해 볼 수 있는 유연한 도구를 제공한다. 이에 더하여 대안적인 감정이 유발될 때, 치료자는 이러한 새로운 대안적인 감정으로부터 어떤 생각과 행동이 뒤따르는지 탐색해 볼 수 있다. 예를 들어, 어떤 사람에게 화가 난 내담자의 경우에 그 사람에 대한 연민에 새로이 접근할 수 있는데, 이러한 새로운 감정은 '그는 힘든 시간을 통과해 왔어.' '그는 최근에 많은 상실을 겪었어.'와 같은 대안적인 생각들과 연결되었다. 그 결과 내담자는 그 사람에 대한 대안적인 행동을 고려할 수 있게 되었는데, 이에는 그 사람이 겪었을 좌절과 상실을 타당화하고, 그에게 시간을 주며, 가장 중요하게는 그에게 보복이나 비난을 가하지 않는 것이 포함되었다.

12

정서적 완벽주의

    우리가 자신의 감정에 어떻게 반응하는지는 부분적으로 우리의 감정 경험이 어떠해야 하는지에 대해 우리가 가지고 있는 기대의 결과다. 예를 들어, 나는 코네티컷주 전원 지역에 있는 집에 살고 있는데, 지금 바깥의 기온은 화씨 16도(-8.9℃)이고 시속 40마일(약 64㎞)의 강풍과 함께 눈보라가 치고 있다. 나는 조금 있다가 산책을 나갈 계획이다. 나는 날씨가 매섭게 추울 것이라고 기대하고, 그에 대해 만반의 대비를 갖춰야 한다고 생각하고 있다. 마찬가지로 우리가 삶은 다양한 불쾌한 감정(삶에 부속된 '일상적인' 감정)을 동반하는 것이라고 기대한다면 이러한 경험을 마주칠 것에 대비하고 이러한 감정에 대처할 전략을 개발할 수 있을 것이다. 우리는 '불쾌한' 정서 경험에 놀라거나 압도되는 대신에 불쾌하거나 원치 않는 감정은 언제든 일어날 수 있고, 온전한 삶을 영위하는 과정에서 치러야 할 대가임을 인정할 수 있다.

완벽이라는 환상

　정서적 완벽주의는 한 개인의 정서적 삶이 항상 순수하고 즐겁고 편안하고 충실한 것이어야 한다는 믿음을 반영한다. 예를 들어, 정서적 완벽주의의 믿음을 지닌 사람들은 권태의 경험으로도 종종 좌절하거나 사기가 저하된다. 그들은 삶은 흥미롭고 충실하고 의미 있고 즐거움을 주는 것이어야 하며, 지루함은 느껴서는 안 되는 감정이라고 믿고 있는 것 같다. 지루함에 대한 부정적인 평가의 결과로 그들은 지루함의 경험에 대해 좌절, 분노 및 불안의 증가로 반응할 수 있다. 그 결과 개인은 반추하고('나는 왜 이렇게 지루하게 느끼지?'), 과도하게 일반화하고('내 삶은 지루한 것 같아.'), 타인에게 꼬리표를 붙이고('그는 정말 지루한 사람이야.'), 도피하고('나는 여기서 도망가야 해.'), 파국화하고('나는 이 지루함을 견딜 수 없어.'), 자기패배적인 방식으로 행동할 수 있다(타인 비난, 음주, 성행위, 약물 사용).

　정서적 완벽주의는 다음과 같은 믿음으로 나타난다. '나는 즐거운 감정만 느껴야 해.' '나는 항상 좋게 느껴야 해.' '기분이 좋지 않다면 정말 나쁜 일이 있다는 거야.' '부정적인 감정은 즉각 없앨 필요가 있어.' '부정적인 감정은 나를 병들게(미치게, 무능하게) 할 거야.' 정서적 완벽주의는 종종 '이런 감정 경험은 나만 느끼는 거야.' '내 감정은 이해할 수 없어.' '나는 상충하는 감정을 견딜 수 없어.' '나는 죄책감이나 수치심을 느껴.' '나는 이런 감정을 통제하고 제거해야만 해.'와 같은 많은 문제 있는 정서도식을 낳는다.

실존적 완벽주의

정서적 완벽주의의 필연적 결과는 실존적 완벽주의, 즉 '삶은 충만해야 하고 세상은 내 뜻대로 되어야 하며 이상적인 삶은 얼마든지 가능하다.'라는 식의 믿음이다. 실존적 완벽주의는 정서적 완벽주의를 수반하면서도 더 일반적이다. 즉, 실존적 완벽주의는 개인의 감정뿐 아니라 개인의 삶 또한 즐거워야만 하는 것이다. 삶에 대한 이러한 과도할 만큼 부담스러운 표준은 삶을 충만하고 완벽하고 편안한 것으로 이상화한 결과이며, 삶에 불가피하게 수반되는 부정적인 감정 경험을 견디지 못하는 결과를 초래한다. 예를 들어, 한 청년은 매일의 삶이 충만하고 의미 있는 경험으로 이어질 수 있는 '완벽하게 꼭 맞는 직업'을 찾아 이 직업에서 저 직업으로 옮겨 다녔다. 그는 어떤 직업이라도 긍정적인 면과 부정적인 면이 함께 공존한다는 것을 인정하지 못하였다. 이와 비슷하게 낭만적인 연인에 대한 그의 이상화된 관점 또한 실존적 완벽주의의 특징을 보였는데, 한 연인이 처음에는 이상화되었다가 이내 '기대에 못 미치는' 사람으로 평가절하되곤 하였다. 실존적 완벽주의자는 종종 자신의 기대를 자의적이고 비현실적인 선호가 아닌 필수요건으로 생각한다('이건 내가 기

대한 게 아니에요.'). 만일 그에게 그의 기대를 (완벽하지 않은 파트
너나 직업과 같이) 그가 직면한 현실에 부합하도록 수정한다면 무
슨 일이 일어날 것 같은지 물어본다면 그는 "내가 왜 부족한 것
에 만족해야 하나요?"라고 대답할 것이다.

실존적 완벽주의는 과도한 기대를 동반하는데, 이러한 높은 기
대는 개인을 좌절시키고, 분노, 회피, 경직성 및 현실 적응의 어
려움을 초래한다. 실존적 완벽주의의 당연한 귀결은 '피할 수 없
는 환멸'이다. 의미 있는 관계의 불가피한 한 부분으로서의 '공감
의 실패'에 대한 Kohut의 견해와 유사하게(Kohut, 1977) 정서도
식치료 모델은 이상화된 경험에 대한 환멸의 과정은 충만한 삶
의 불가피한 일부라고 제안한다. 따라서, 정서도식치료 모델은
실망과 환멸을 삶에 부속된 '일상적인' 경험으로 간주한다(Kohut,
1977 참조). 이 주제는 단순히 우리가 사랑, 가족, 직업, 정치 또
는 종교에 대해 어떤 환멸을 경험할 수 있다는 것에만 머물지 않
고, 우리가 냉소적이거나 비관적이거나 적대적이거나 아니면 현
실적(통합적, 적응적, 유연한)일 수도 있는 경험에 대한 새로운 믿
음을 구성함으로써 환멸을 어떻게 처리하는지를 포함한다. 어떤
사례들에서는 환멸이 새로운 착각의 믿음을 낳을 수 있다.

순수한 마음

'순수한 마음'의 개념은 정서적 완벽주의의 요구와 관련되는

데, 이는 우리의 생각, 감정 및 충동이 순수하고 선하며 도덕적
이고 고결해야 한다는 완벽주의적 믿음을 가리킨다. 우리는 순
수한 마음의 예를 강박증 환자들의 메타인지적 평가에서 찾아
볼 수 있는데, 이들은 원치 않는 침투적인 사고를 위험한 것, 역
겨운 것, 미쳤다는 징후, 통제 상실의 징후로 평가하고 또한 자
신에 대한 견해와 상반되는 것으로 평가한다. 일반인을 대상으
로 한 연구에 따르면, 85% 이상의 사람이 강박증 환자들의 침투
사고와 유사한 내용의 침투사고(예를 들어, 오염, 폭력적인 충동이
나 생각, 성적인 충동이나 생각, 신성 모독적인 생각)를 경험하지만,
이들은 이러한 생각을 정상적인 것으로 간주하고 무관한 것으로
취급하면서 그냥 있는 그대로 흘려보내기 때문에 강박증으로 발
전하지 않는다. 그러나 '순수한 마음'은 자기에 대한 이상화된 견
해와 일치하지 않는 생각과 감정에 대한 집착을 낳고, 이는 자연
스럽게 자기초점화, 반추, 억제 시도 및 죄책감으로 이어진다.

순수한 마음의 개념은 더 높은 자기(higher self)와 더 낮은 자기
(lower self)가 있다는 관념과도 연결된다. 이러한 대중적인 관점
은 '인간의 본성'은 각기 다른 수준의 '좋은 감정들'로 이루어진다
고 가정하는데, 이는 원초아, 자아, 초자아로 구분하는 프로이트
의 생각과도 크게 다르지 않다. 기독교와 불교를 포함하여 다양
한 종교 전통은 종종 자기를 더 높은 자기와 더 낮은 자기로 구
분하면서 인간은 더 낮은 자기와 맞서 싸우면서 더 높은 선을 향
해 나아갈 필요가 있다고 주장한다. 정서도식 모델은 더 높은 자
기와 더 낮은 자기의 관념을 거부하고, '자기'를 자의적으로 구성

한 허상이며, 끊임없이 유동하는 것으로 이해한다. 따라서 어떤 사람이 작년에 지녔던 감정, 사고 및 가치는 그가 이 순간에 경험하는 것과는 상당히 다를 것이다. 정서도식치료 모델은 인간의 경험은 고정적이기보다는 유동적이어서 우리의 생각과 감정이 단일한 유인성을 지녀야 한다고 믿는다면 우리의 경험은 종종 서로 명백히 모순된다고 제안하며, 또한 감정을 억제하거나 제거하려는 시도는 오히려 그것의 중요성을 부각하여 그것에 더 집착하는 결과를 초래한다고 제안한다.

변화무쌍한 감정

더 적절하게 표현하자면 '마음' '자기' 그리고 '감정'은 삶의 경험이 종종 개인이 원치 않는 감정들을 활성화하는, 끊임없이 변화하는 만화경과 같다. 예를 들어, 부러움의 감정은 분노, 슬픔, 원망(모두 불쾌한 감정임)과 종종 관련되지만, 다른 한편으로 부러움은 사회적인 세계에서 살아가면서 느끼는 경험의 한 부분이다. '더 높은 자기' 혹은 '좋은 나'와 모순되기 때문에 부러움을 못 견디는 것은 부러움의 경험에 더 큰 중요성을 부가할 뿐이다. 정서도식치료 모델은 부러움을 긍정적인 결과와 부정적인 결과를 모두 가질 수 있는 보편적인 정서 경험으로 이해하며, 부러움을 인간 경험의 일부로 인정하는 것이 이 감정에 사로잡히는 것을 의미하지는 않는다고 본다.

정서도식치료 모델은 감정을 정상화하기, 수용하기, 감정으로부터 배우기, 감정이 일시적이라는 것을 인식하기, 감정의 파도타기, 다른 감정과 목표에 다시 초점 맞추기 등과 같은 다양한 대처 전략을 제공한다. 그러나 어떤 사람들은 자신의 감정이 순수하고 멋지고 행복하고 편안해야 한다고 생각한다. 그들은 질투, 부러움, 원한, 분노, 지루함, 양가감정과 같이 '비난을 초래할 만한 감정들'을 느껴서는 안 된다고 믿을 것이다. 정서적 완벽주의는 어떤 사람들이 자신의 감정과 타인의 감정에 대해 지니고 있는 과도한 표준을 반영한다.

정서적 완벽주의는 '순수한 마음'에 대한 믿음, 즉 사람의 마음과 경험은 선하고 순수하고 깨끗하고 선형적이고 논리적이고 명료해야 한다는 믿음과 관련된다. 이와 대조적으로 정서도식치료 모델은 인간의 정서 경험을 생각과 감정의 종종 혼란스럽고 변화무쌍한 만화경으로 이해한다. 감정의 순수성보다는 경험의 다채롭고 풍부함을 목표로 삼는다.

13

부적응적인 정서 조절 전략을 파악하기

감정에 대한 부정적인 평가의 결과로 감정 조절이나 표현을 위한 어떤 잠재적으로 부적응적인 전략들이 종종 활성화된다. 사람들은 자신의 감정이 무한히 지속되어 통제할 수 없는 지경에 이를 것이라고 믿기 때문에 감정을 해소하는 즉각적인 수단으로서 폭식, 물질 남용, 자해와 같은 문제적인 정서 조절 전략들을 강구한다. 만일 자신의 감정이 이치에 닿지 않는다고 생각한다면 반추와 안심 추구가 뒤따를 것이다. 만일 다른 사람들이 자신과 같은 방식으로 느끼지 않을 것이라고 믿는다면 자신의 감정을 타인과 공유하지 않고, 자신의 감정에 대해 수치심이나 죄책감을 느끼며, 타인으로부터 타당화를 경험하지 못할 것이다. 만일 자신이 강렬한 부정적인 감정을 수용하거나 대처할 수 없을 것이라고 믿는다면 회피와 고립, 철수가 뒤따를 것이다.

각각의 부적응적인 전략은 감정의 강도를 즉각적으로 줄일 수 있지만, 다른 한편으로 감정에 대한 부정적인 믿음을 강화하거나 확증하는 데 기여할 수 있다. 예를 들어, 자신의 감정이 역겹고 부끄럽다고 믿는 사람은 자신의 감정을 표현하거나 경험을 공유하려고 하지 않을 것이며, 그에 따라 타인으로부터 타당화를 경험할 기회가 줄어들고, 타인들도 자신과 비슷한 감정을 느낀다는 것을 배우지 못하며, 자신의 경험을 정상화하기 어려울 것이다. 자신의 우울이나 분노, 불안을 없애려면 그런 감정을 느끼는 자신을 비난해야 한다고 믿는 사람은 자기비난을 통해 부정적 감정이 오히려 악화되어서 더 많은 자기비난과 억제 시도로 이어진다는 것을 발견하게 될 것이다.

해결책이 문제다

정서도식치료 모델은 내담자가 이러한 대처 전략들을 파악하면서 그것의 가능한 부정적 결과를 검토할 수 있도록 돕는다. 내담자는 이러한 전략들이 '정서적 문제의 해결을 돕는다.'고 믿을 수 있지만, 정서도식치료자는 내담자가 이러한 해결책이 오히려 문제의 일부임('해결책이 문제다.')을 인식할 수 있도록 돕는다. 각각의 부적응적인 전략은 단기적 및 장기적 측면에서 내담자에게 어떤 손실과 이득을 주는지의 관점에서 평가될 수 있다. 예를 들어, 스스로를 진정시키기 위해 술에 의존함으로써 단기적으로는 정서적인 각성이 줄어드는 이득이 있을 수 있지만, 장기적으로는 우울, 죄책감, 타인과의 단절 및 반복적인 불안이라는 손실이 발생한다. 이에 더하여 물질 남용과 같은 부적응적인 전략을 사용하게 될 때, 감정을 없앨 필요가 있고 감정을 받아들일 수 없으며 (시도해 보지 않은) 다른 기법들은 소용없을 것이라는 생각들이 강화되고 확증될 수 있다. 치료자는 이러한 대처 전략이 필요하다는 믿음의 기저에는 감정 경험에 대한 부정적인 평가가 자리 잡고 있다는 것을 내담자가 인식할 수 있도록 돕는다. 치료자는 감정에 대한 부정적 평가를 수정하는 것이 문제 있는 감정 통제 전략을 수정하는 데 도움이 된다고 제안하고, 그에 따라 대안적인 전략을 제안할 수 있다.

[그림 13-1]은 감정에 대한 부정적 평가가 어떻게 문제 있는 대처 전략을 낳는지의 한 가지 예를 보여 준다. 이 사례에서 그녀는 아마도 외로움에서 비롯된 슬픈 기분을 경험한다. 그녀는 좋은 직장에 다니고 친밀한 관계를 맺고 있어서 자신이 불행해야 할 이유가 없다고 생각하기 때문에 자신이 슬프다는 것에 혼란을 느낀다. 그녀는 이러한 슬픈 기분에 대해 무력감을 느끼고, 이 기분이 끝없이 계속되어 자신을 압도하고 자신은 통제력을 잃게 될 것이라고 믿는다. 슬픈 기분의 결과로 그녀는 우울을 느끼고, 다른 사람들을 피해야 한다고 생각하며, 자신이 짐이 되지 않고 보상적인 일을 할 동기가 생길 때까지는 수동적으로 가만히 있어야 한다고 생각한다. 이러한 부정적인 평가의 결과로 그녀의 회피와 수동성의 전략은 그녀의 슬픔을 지속시키고, 외로움을 악화시키며, 부정적인 감정의 지속 시간과 통제 상실에 대한 그녀의 믿음을 확증해 준다.

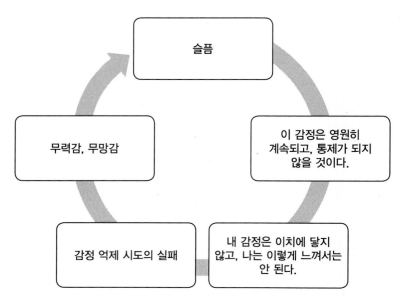

[그림 13-1] 정서의 순환과 부정적 도식

[그림 13-1]은 문제 있는 대처 전략들의 또 다른 예를 보여 준다. 예를 들어, 한 사람이 부정적인 기분에서 벗어나기 위해 술이나 약물에 의지한다. 이는 더 깊은 고립과 수동성을 낳을 뿐, 일단 약효가 떨어지면 부정적 감정은 다시 고개를 든다. 감정을 억제하려는 시도가 실패하고, 자신의 감정을 통제할 수 없을 것이라는 믿음을 확인하면서 그는 감정을 억제하기 위해서 부가적인 노력을 기울인다. 어떤 경우에 그는 '왜 나는 이런 식으로 느끼지?' 또는 '내가 이렇게 외롭다는 걸 도무지 믿을 수 없어.'라고 반추하는 것이 불확실성을 없애고, 자신에게 문제 해결의 도구를 제공하며, 미래에 이러한 경험을 피할 수 있는 해결책과 해답을 줄 것이라고 믿는다. 그러나 반추는 단지 경험 회피, 수동성,

부정적인 자기초점화의 또 다른 전략이 됨으로써 그의 무력감과
무망감을 심화한다.

〈표 13-1〉 정서조절 전략

부적응적인 전략	적응적인 전략
반추 걱정 물질 남용 회피 비난 불평 억제	행동활성화 목표 수정 문제 해결 인지 재구성 수용 마음챙김 자기주장 사회적 지지 타당화 자기타당화 연민 정서도식 수정 주의전환

　치료자는 문제 있는 다양한 전략을 밝히고, 각 전략의 손익을
검토하며, 대안적인 전략들을 시험해 볼 경험적인 실험을 제안
할 수 있다. 예를 들어, 술을 마심으로써 슬픔을 없애야 한다고
믿는 사람은 이 전략의 손실과 이득을 검토할 수 있다. 음주의
손실은 더 깊은 우울, 숙취, 자기비난, 수치심, 사회적 고립이다.
음주를 추구하는 이유이자 추정상의 이득은 부정적인 감정의 즉
각적 제거와 그 순간 느끼는 통제감이다. 내담자는 알코올 오용
의 손익을 따져봄으로써 알코올이 우울, 외로움 및 고립감에 미
치는 장기적인 효과를 살펴볼 수 있다. 이때 또한 대안적인 정서

대처 전략들을 고려해 볼 수 있다. 이는 외로움을 정상화하고, 이 감정을 친밀감의 가치와 연결 지어 이해하고, 외로울 때 행동을 활성화하는 것(즉, 보상적인 활동을 계획하고, 혼자 있을 때 떠오르는 부정적 사고에 도전하며, 사회적 관계망을 넓히고, 공동체 의식을 고취하며, 정서도식 개념화를 사용하여 외로움은 일시적이고, 걷잡을 수 없을 정도로 심화하지 않으며, 인간다움의 일부이고, 자기연민이 수반될 수 있으며, 타인과 깊은 유대감을 구축하는 데 건설적으로 사용할 수 있음을 이해하는 것)을 포함한다.

전략의 포기

이러한 부적응적인 전략을 확인하였을 때, 치료자는 내담자에게 만일 그 전략을 사용하지 않는다면 무슨 일이 일어날 것이라고 예견하는지를 질문할 수 있다. "당신이 알코올(약물, 폭식)을 사용하지 않았다면 무슨 일이 일어났을 것 같나요?" 그리고 이러한 예측을 내담자와 함께 검토해 볼 수 있다. "당신은 이 전략을 사용하지 않을 때가 얼마나 자주 있었나요? 정확하게 무슨 일이 일어났습니까?" 덧붙여 치료자는 다음과 같이 제안할 수 있다. "감정이 일어나는 것을 인식할 때 이 전략을 사용하지 않고 우리가 함께 정하게 될 다른 전략을 사용하는 실험을 계획해 봅시다."

14

정서적 사회화

나는 한 레스토랑에서 자녀들과 손주들을 포함한 한 이탈리아 가족이 근처 테이블에 앉아 대화하는 걸 지켜보던 일을 기억한다. 대화가 무르익자 사람들은 웃고 떠들었고 목소리는 흥분으로 가득 찼다. 갑자기 모든 이의 시선이 바닥으로 굴러떨어져 울어 대는 아기에게로 향하였다. 다행히도 아기는 다치지 않았고, 이후 나는 대략 15분 동안 가족이 아기에게 주의를 향하고, 신체 접촉으로 애정을 표현하고, 아이를 달래고, 따뜻한 위로를 표현하는 것을 관찰하였다. 이 아기는 감정이 표현되고 타당화되는 환경에서 살고 있음이 분명하였다.

사람들은 자신의 감정에 부모와 타인들이 어떻게 반응하는지를 관찰하면서 감정에 대해 배운다. 이러한 초기 사회화 과정을 통해서 평생의 대인관계 기능과 정서 조절 방식에 스며들게 될 정서도식이 발달한다. 정서도식치료 모델은 애착 양식의 중요성 및 유아의 고통 표현에 대한 부모의 반응의 중요성을 인정한다.

아이들은 애착 양식이 서로 다른데(안정적인, 불안한, 양가적인), 이런 애착 양식은 종종 주양육자가 아이의 고통에 얼마나 반응적인지를 반영한다. 실제로 애착 양식은 아동기 동안의 효과적인 정서 조절 과정과 관련된다(Pallini et al., 2018).

정서에 대한 부모의 메시지

감정에 대해 아동에게 전달하는 구체적인 메시지나 평가는 애착 양식의 발달에 중대한 영향을 미친다. 가트만, 아이젠버그 등의 저술에 의지하여 정서도식치료 모델은 부모가 내담자의 아동기 동안에 그의 감정에 어떻게 반응했는지를 검토한다. 예를 들어, 그들은 아이의 감정을 무시하였거나("그건 별일 아니야."), 아이의 감정을 힐난하였거나("너는 버르장머리 없는 망나니야."), 자신의 감정을 스스로 조절하지 못하였거나("난 이 문제를 다룰 시간이 없어. 내 문제만으로도 복잡해."), 아니면 '감정 코칭'(감정 표현하는 것을 격려하고, 감정 인식을 넓히며, 감정에 이름을 붙이고, 감정을 타당화하며 문제 해결을 격려하는 것)에 참여하였는가? 이와 비슷하게 정서도식치료 모델은 현재 환경에서 주변 사람들(애인, 친구, 가족)이 내담자의 감정에 어떻게 반응하는지의 중요성을 인식한다. 현재의 정서도식(예를 들어, 감정에 대한 수치, 자신이 타당화될 수 없을 것이라는 믿음, 자신의 감정이 독특하거나 이치에 닿지 않는다는 믿음)은 이러한 초기 경험 및 현재 경험과 연결되어 있다.

무시 전략 – 아이의 감정의 중요성을 부인함

비승인 양식 – 아이의 감정을 비판하고 과잉 통제함

조절장애 – 부모가 자신의 감정에 압도되어 아이의 감정을
　　　　　거부함

감정 코칭 – 감정을 표현하고 파악할 수 있도록 돕고, 감정과
　　　　　문제 해결을 구분할 수 있도록 도움. 친구들과
　　　　　효과적으로 상호작용하는 방법을 가르침

(Eisenberg & Fabes, 1994; Eisenberg, Fabes, & Murphy, 1996;

Gottman, Katz, & Hooven, 1996; Katz, Gottman, & Hooven, 1996)

- 내 감정은 이치에 닿지 않는다.
- 이런 감정을 느끼는 것으로 보아 나는 나약한 어린아이 같다.
- 아무도 나를 이해하지 못한다.
- 내 감정은 다른 사람에게 짐이 된다.
- 다른 사람들은 이렇게 느끼지 않는다.
- 나는 이러한 감정을 느낄 권리가 없다.
- 아무도 내 감정에 대해 신경 쓰지 않는다.
- 나는 내 감정 때문에 벌을 받을 것이다.
- 이런 식으로 느끼는 것을 멈춰야 한다.
- 내 감정은 다른 사람에게 혐오감을 준다.

첫 면담뿐 아니라 치료 과정 전체에 걸쳐서 치료자는 정서에 대한 특정 믿음이 어떻게 학습되었는지(어떤 감정을 공유하는 것

이 불편했는지, 내담자가 감정을 표현했을 때 부모와 형제들이 어떻게 말하고 행동했는지, 그리고 가족 내에서 감정이 어떻게 논의되었는지)를 살펴볼 것이다. 예를 들어, 한 환자는 그의 분노가 '추하다.'고 들으며 자랐는데, 어른이 되어서는 특히 엄마에 대한 분노 감정을 건디는 것이 어려웠다. 그는 신의 인도하심이 자신에게서 분노를 걸어 낼 것이라는 희망으로 기도에 매달리곤 하였으나, 분노가 다시 엄습하여 그를 압도할 뿐이라는 것을 알게 되었다.

친구들 및 친밀한 연인 혹은 배우자가 내담자의 감정에 어떻게 반응하는지에 대하여 이와 비슷한 질문들을 던질 수 있다. 예를 들어, 한 내담자는 원가족 내에서 '약함'의 표시를 드러내는 것이 어떻게 자신에게 불리하게 작용하곤 했는지를 기술하였다. 약함은 곧 고통스러운 감정을 느끼고, 불안하거나 슬픔을 느끼는 것을 의미하였다. 그 결과로 그는 우울과 불안을 느낄 때 혼자라고 느꼈고, 자신의 감정에 접촉하는 것과 여자친구의 감정을 이해하는 것에 어려움을 느꼈다. 치료자가 그의 감정과 가족에 대해 질문했을 때, 그는 "그들과 어떤 감정을 나눈다는 건 시간 낭비일 뿐이에요. 그들은 그걸 가지고 내게 불리하게 이용할 것이고, 내가 더 비참하게 느끼도록 만들 것이며, 내게 모욕감을 줄 거예요."라고 대답하였다. 그에게서 확인할 수 있는 정서도식은 다음과 같은 믿음을 포함한다. 감정을 부끄러워해야 한다, 나의 감정은 이치에 닿지 않는다, 아무도 내가 느끼는 것처럼 느끼지 않는다, 내 감정을 표현해서는 안 된다, 아무도 내 감정을 타당화하지 않는다 등이다. 앞서 언급한 것처럼 감정에 대한 이와 같은 반감정적이고 수치에 기반을 둔 접근은 그의 감정인식불능증과 항상 이성적이고 통제를 잃지 않으려는 지속적인 노력에 일조하였다. 그는 불편함을 느낄 때마다 감정을 없애야 한다고 믿었고, 그 전략은 타인으로부터 고립되거나 과도하리만치 일에 몰두하는 것이었다.

내담자의 감정에 대한 부모의 메시지에 덧붙여 치료자는 부모가 다른 사람들의 감정에 대해 어떻게 논의했는지 살펴볼 수 있다. 예를 들어, 사람들이 감정을 느꼈다는 이유로 그들을 '도움이 필요한' 사람으로 부른다거나, 화가 났다면 '정신적으로 아픈' 것으로, 눈물을 흘렸다면 '너무 감정적인' 것으로, 감정을 표현했다면 '통제를 잃은' 것으로 분류하지는 않았나? 이성적이고 통제적인 것을 강조함으로써 어떤 감정도 금욕주의적 이상으로부터 벗어난 것으로 보지는 않았나? 감정 표현이 조롱거리가 될 만큼 '심리적 강인함'을 강조하였나? 부모와 타인들은 내담자의 감정에 어떻게 반응하였나? 그들은 감정을 타당화하였나, 무시하거나 확장하였나, 아니면 내담자에게 수치심을 심어 주었나? 그들은 감정을 우습게 만들었나, 혹은 내담자가 표현한 걱정이나 관심사를 가볍고 하찮은 것으로 취급하였나? 그들은 내담자에게 "넌 그걸 극복해야 해." "잘 해결될 거야. 걱정하지 마." 혹은 "걱정할 만한 하등의 이유가 없어."라고 말하였나? 이러한 무시하는 언급이나 비판적인 언급은 내 감정은 타인들의 감정과 다르다거나, 나는 모욕을 당하고 비판을 받을 것이라거나, 타인들과의 관계에서 감정을 표현하면 안전하지 못하다는 믿음을 포함하는 정서도식이 발달하는 데 기초를 제공한다.

당신은 누구에게 의지하였나

"당신이 화가 나거나 눈물이 날 때 당신은 이런 감정을 누구와 나누는 것이 편안하다고 느꼈나요?"라는 질문은 종종 많은 정보를 드러낸다. 많은 내담자는 "부모님 둘 다는 아니에요."라고 대답할 것이다. 어떤 경우에는 부모 중 최소한 어느 한 명은 그 앞에서 우는 것이 결코 편안하지 않다고 대답한다. 조금만 더 탐색을 이어가다 보면 내담자가 자신의 감정을 절대 공유하지 않았던 그 부모는 너무 바쁘거나, 무언가에 정신이 팔려 있거나, 너무 냉담하거나, 굴욕감을 주거나, 비판적이거나, 다른 방식으로 무시하는 사람이었음이 드러난다. 치료자는 내담자에게 "당신이 화가 났을 때 그들이 어떻게 다르게 반응해 주기를 바랐나요?"라고 물어볼 수 있다. 어떤 내담자들은 "저는 그저 그가 들어주고 내 감정을 있는 그대로 인정해 주고 이해한다고 말해 주기를 바랐어요."라고 직접적으로 반응한다. 흥미롭게도 나는 지금껏 내담자들이 부모가 자신이 더 이성적이도록 도와주기를 희망한다고 말하는 것을 단 한 번도 들어본 적이 없다.

정서도식치료 모델은 감정 표현은 초기 애착 관계에서부터 시작하여 성인 관계 및 부모로서 자식과 맺는 관계에 이르기까지 일생 동안 지속된다고 제안한다. 우리가 경험하는 모든 감정은 표현, 타당화, 그리고 위로를 추구한다. 치료자가 내담자에게 치료에서 가장 소중히 여기는 것이 무엇인지 물었을 때, 내담자는 종종 "저는 당신이 진심으로 저를 돌보고 있다는 것을 알아요." 라는 말로 반응한다.

15

치료에서의 정서도식

치료 과정은 종종 강렬한 감정적 내용을 동반하는 기억 및 현재 경험을 탐색하는 것으로 이루어진다. 감정에 대한 믿음과 다른 사람들이 어떻게 반응할지에 대한 두려움은 치료 관계 및 치료 과정에 부정적인 영향을 미칠 수 있다. 예를 들어, 한 개인이 감정에 대해 부정적인 믿음을 지니고 있으면 감정을 나누는 것에 대한 부끄러움, '감정이 일어나도록 허용하는 것'에 대한 두려움, 우는 것에 대한 수치심과 두려움, 힘든 기억의 회피, 새로운 행동을 시도할 때 고통스러운 감정을 마주하는 것에 대한 두려움, 그리고 강렬한 감정을 느끼거나 취약성을 드러내는 것에 대한 부적절감이 뒤따를 수 있다. 더욱이 섭식장애, 물질 남용, 강박장애, 불안장애와 기타 장애들(예를 들어, 사회 공포증, 범불안장애, 공황장애, 특정 공포증, 외상 후 스트레스 장애)을 포함하여 DSM의 각 장애는 감정에 대한 부정적인 믿음을 수반한다. 감정에 대한 부정적인 믿음은 또한 친밀감에 대한 두려움, 거절에 대한 두려움 및 상실에 대한 두려움에서도 어떤 역할을 담당한다.

　내담자들은 다양한 이유로 치료실을 찾아온다. 어떤 사람들은 모든 것을 제자리로 돌려놓기를 원하고, 또 다른 사람들은 무너지기에 안전한 장소를 찾아 치료에 온다. 치료자로서 긴 세월 동안 나는 내담자들로부터 많은 것을 배웠다. 그리고 내가 배운 것은 불안에 대처하고 부서진 듯 보이는 관계를 다루는 데에는 많은 용기가 필요하다는 것이다. 우리는 치료자로서 뒤로 물러앉아 우리에게 있는 기술과 도구에 자부심을 느낄 수도 있지만, 명심해야 할 첫 번째 사실은 당신이 스스로 어떤 종류의 치료자로 생각하든지 간에 진심으로 경청하고 돌볼 수 있는 것이 치료의 핵심이라는 것이다. 따라서 당신이 치료자라면 이러한 인식에서부터 출발하라. 처음으로 당신을 찾아온 사람은 당신을 모른다. 그들은 아동기부터 현재에 이르기까지 뒤처진 존재로서 굴욕감을 느끼며 살아왔을지 모른다. 그들은 부서진 관계와 침몰한 희망으로부터 배신감과 환멸을 느껴 왔을 수도 있다. 그리고 그들은 자신에게는 무언가 근본적으로 잘못된 것, 아무도 참아 낼 수 없는 어떤 것, 다른 사람들과는 다른 어떤 것이 있다고 믿을지도 모른다. 처음으로 당신을 찾아온 그 사람은 자신만 홀로 고뇌를 느낀다고 믿고 있다. 그는 지금껏 자신의 감정은 이치에 닿지 않으며, 거기서 벗어나야 하고 이겨 내야 한다고 들어왔을 것이다. 그리고 이제 그는 완전히 낯선 타인인 당신에게 의지하면서도 정말로 당신을 신뢰해도 되는지 의심한다. 당신은 '모르는 사람'이며, 모르는 사람들은 과거에 그에게 많은 상처를 주었다.

치료자의 정서적 자세

삶의 괴로움을 겪는 것은 매우 힘든 일이지만, 홀로 그 괴로움을 겪는 것은 훨씬 더 힘든 일이다. 치료는 누군가와 그 괴로움과 눈물, 심지어는 희망 없는 순간까지도 기꺼이 나누려는 행위다. 울면 안 된다거나 고통스러워하지 말라는 말만 들어온 내담자가 괴로움을 나누는 것이 매우 쉬운 일일 것이라고 기대하는 우리는 누구인가? 우리는 치료자로서 신뢰받을 만한 권한을 부여받았는가? 아마도 아닐 것이다.

수년 전 나에게 이러한 교훈을 가르쳐 준 사람은 나의 내담자였다. 그녀는 자살 시도, 입원, 아버지로부터의 비난, 그리고 기쁨 없고 절망으로 가득 찬 삶이 연속하는 슬픈 역사를 지니고 있었다. 처음에 나는 그녀에게 변화를 위한 많은 기법과 아이디어를 제공했으나, 그녀로부터 돌아온 반응은 "당신은 날 이해하지 못해요."라는 말뿐이었다. 나는 더 많은 기법과 더 많은 긍정적인 아이디어로 대응하기를 반복했지만 똑같은 반응만 들을 뿐이었다.

나는 집으로 돌아와 그녀가 한 말을 생각해 보았다. 나는 그녀가 옳았음을 깨달았다. '나는 그녀를 이해하지 못했다.' 나는 내 삶을 돌아보았고, 나는 그녀가 느낀 만큼 몇 주 동안 그렇게 우울했던 적도, 온종일 그렇게 우울했던 적도 없었음을 깨달았다.

다음번의 회기는 다음과 같았다.

치료자: 당신이 말한 것에 대해 생각해 봤어요. 변화를 이루기 위해 당신이 할 수 있는 일이 있다는 나의 의제를 내가 계속 밀어 붙이려고 했다는 것을 깨달았어요. 당신은 계속 내가 이해 하지 못한다고 말했지요. 그리고 나는 계속 강요만 했지요.

내담자: (의심의 눈초리로 나를 보면서) 맞아요.

치료자: 그리고 나는 내 삶을 통틀어 당신이 매일 느끼는 것처럼 그 렇게 나쁜 기분을 느껴본 적이 없다는 것을 깨달았어요. 나 는 당신을 이해하려고 애썼고, 당신을 설득하려고 노력했 지만, 결국 새로운 깨달음에 도달했어요. 나는 당신을 이해 하지 못했어요.

내담자: 이제야 당신이 나를 이해하는군요.

2부

정서도식의 수정

16

원인과 변화의 이론을 파악하고 평가하기

내담자들은 종종 자신이 느끼는 방식을 변화시키기 위한 목표를 가지고 치료에 온다는 것은 자명한 사실이다. 물론 치료자는 감정이 어떻게 변화될 수 있는지(혹은 감정이 실제로 변화할 필요가 있는지)에 대한 자신의 믿음 혹은 이론을 가지고 있다. 정서도식치료 모델에서는 내담자의 감정 이론은 감정에 대한 평가, 해석, 구별뿐만 아니라 어떤 감정을 다룰 필요가 있는지, 어떤 감정이 변화하길 원하는지, 이런 감정을 어떻게 기술하는지, 그리고 인과성 및 변화에 대한 내담자의 이론이 무엇과 같은지에 대한 믿음을 망라한다고 제안한다.

감정을 기술하기

평가의 첫 수준은 내담자가 자신의 감정과 경험을 어떻게 기술하는가와 관련된다. 감정을 과잉 일반화된 용어 혹은 모호한 용어(예를 들어, '속상했다.' 혹은 '힘든 시간이었다.')로 기술하는가? 아니면 좀 더 구체적인 용어(예를 들어, '나는 살짝 질투를 느꼈다.')로 기술하거나, '애인이 한 여자와 시시덕거리고 있는 것 같을 때'와 같이 촉발 상황의 용어로 기술하는가? 마음챙김 기반 인지치료가 주의 훈련의 한 가지 형태로 처음 개발된 이유는 반복적인 우울증의 역사를 지닌 내담자들이 종종 '과잉 일반화된 사고'를 보였기 때문이라는 사실에 주목할 필요가 있다(Segal et al., 2002).

　마음챙김은 내담자가 추상적인 사고로 일반화하기보다는 즉각적인 경험에 초점을 맞출 수 있도록 돕고, 그 경험을 즉시 통제하려고 시도하기보다는 비판단적인 방식으로 관찰하도록 돕는 기술이다. 내담자가 어떤 감정에 대한 구체적인 어휘가 부족해서 단지 '속이 상한다.'거나 '불편하다.'고만 표현한다면 감정을 구분하고 이러한 감정을 구체적인 상황적 혹은 인지적 촉발 자극과 연결하고 정서 조절을 위한 전략을 개발하는 것은 더욱 어려워진다. 예를 들어, "나는 속이 상했어."와 같은 모호한 기술에는 이러한 일반적이고 모호한 느낌에 동반되는 다양한 감정과 생각들이 생략된다. 이와 대조적으로 자신의 분노를 잘 파악한 사람은 "상사는 내가 애써 완수한 힘든 과업을 무시하고는 사소한 세부 사항만 가지고 나를 비난했어."와 같은 말에서 볼 수 있듯이, 그 감정과 관련한 구체적인 정보, 즉 촉발 자극 및 무시당하고 하찮게 여겨진 느낌과 관련한 분노 패턴에 대한 정보를 제공한다.

치료자가 구체성을 강조하는 한 가지 방법은 "당신이 화가 난 상황을 사진이나 동영상으로 찍었다면 그 사진이나 동영상에서 무엇을 보게 될까요?"라고 묻는 것이다. 구체적인 세부 사항(언제, 어디서, 누구와 함께, 어떤 일이 일어났으며, 이후 사건이 연쇄적으로 어떻게 진행되었는지)을 통해서 내담자와 치료자는 내담자의 구체적인 취약성과 인지 그리고 구체적인 촉발사건 간의 상호작용을 평가할 수 있게 된다. 따라서 분석의 첫 번째 수준은 구체적인 감정과 그 강도를 어느 정도로 기술하는가, 그리고 이러한 감정에 선행하거나 수반하는 상황과 인지를 어느 정도로 설명하는가일 것이다.

내담자의 치료 목표

치료 목표를 모호하거나 과잉 일반화된 용어로 기술하는 것은 감정을 과잉 일반화된 용어로 기술하는 것과도 관련된다. 예를 들어, 치료 목표를 기술할 때 '내 삶을 바꾼다.'와 같은 과잉 일반화된 사고가 존재하는가? 이와 대조적으로 구체적인 목표를 기술한 예로 '화가 났을 때 상대방에게 반응하는 방식을 바꾼다.' 혹은 '이러한 구체적인 행동을 바꾼다.'와 같은 것이 있다. 감정을 마주하여 압도되고 무력해지는 것은 종종 감정과 목표에 대한 이러한 모호하고 과잉 일반화된 기술과 연결될 수 있다.

정서도식치료자는 내담자가 구체적인 감정, 감정의 구체적인

맥락 및 구체적인 변화의 목표로 탐색의 범위를 구체화할 수 있
도록 도울 수 있다. 탐색을 위하여 다음과 같은 질문들이 도움이
된다. "당신이 느끼기에 가장 걱정되는 구체적인 감정은 무엇인
가요?" "그 감정은 어떤 상황에서 가장 쉽게 일어나나요? 한 가
지 구체적인 상황을 자세하게 설명해 주세요." 혹은 "이러한 감
정과 행동에 관한 당신의 목표는 무엇인가요? 이들을 완전히 제
거하려고 노력하나요, 아니면 당신이 수용할 수 있다고 느끼는
어떤 중간 지점이 있나요?" 부정적 감정의 강도, 빈도 및 영향력
을 줄이기보다는 모든 부정적인 감정을 없애려는 목표를 가진
내담자는 스스로 좌절하고 낙담하게 될 것이다.

고정된 감정 대 성장 감정

변화의 목표를 기술하는 것과 관련하여 치료자는 내담자가 감
정에 대해 '고정된' 관점을 지니고 있는지, 아니면 '성장' 관점을
지니고 있는지를 탐색할 수 있다. 예를 들어, Dweck(2006)은 사
람마다 **능력**에 대한 믿음이 다양하다고 제안하였다. 즉, 어떤 사
람들은 자신의 능력을 고정불변한 것으로 믿고, 또 다른 사람들
은 자신의 능력이 변한다고, 즉 성장의 잠재력이 있다고 믿는다.
내담자들은 종종 자신의 감정(혹은 다른 사람의 감정)은 고정적이
어서 변할 수 없다는 믿음을 지니고 있다. 이에 더하여 종종 감
정을 자기와 동일시하는데, 예를 들면 '나는 불안한 사람이다.'

'그는 질투가 많은 사람이다.'와 같은 식이다. 이렇게 '특질'로 귀
인하는 방식을 통해서 우리는 각 개인이 그 순간의 맥락 및 구체
적인 인지에 따라 변하는 다양한 범위의 감정들을 느낄 수 있는
것으로 보지 않고, 감정은 고정적이고 불변하며 그 개인은 감정
으로 환원될 수 있는 것으로 보게 된다.

내담자의 변화 이론

내담자는 자신의 감정을 변화시키는 방법에 대해 어떤 이론
을 가지고 있는가? 내담자는 감정을 변화시키려면 '내가 어떻게
이렇게 됐는지, 그리고 부모님이 내게 어떻게 했는지 이해할 필
요가 있어.'와 같이 과거에 초점을 맞추어야 한다고 믿는가? '그
건 유전적이야.'와 같이 생물학적 결정론이나 '뇌의 생화학 구조'
를 강조하는가? 어떤 외부 사건이나 다른 누군가가 변해야 한다
고 믿는가? 이러한 변화 이론은 치료 목표에 방해가 될 수 있다.
치료자는 내담자가 이러한 믿음이 어떠한 결과를 가져올지, 그
리고 어떻게 더 유연한 반응을 방해하는지 살펴보도록 도울 수
있다.

감정의 원인론은 원격 원인(먼 원인)과 근접 원인(가까운 원인)
으로 나눌 수 있다. 예를 들어, 먼 원인은 아동기 경험, 유전, 혹
은 과거의 외상 사건(혹은 경험)을 포함할 수 있다. 더 현재적이
면서도 더 지속적인 것으로 볼 수 있는 원인으로는 화학적 불균

형(뇌의 생화학), 성격(경계선 성격), 혹은 인지 양식(비관주의적)이 포함될 수 있다. 이렇게 더 일반적이면서도 더 먼 '원인'과는 대조적으로 내담자는 자신의 감정을 당시 상황('애인이 나를 비난했어.'), 최근 경험('직장을 잃었어.'), 그 상황에서 한 생각('그가 나를 존중하지 않는다고 생각했어.'), 혹은 감정 자체('나는 불안했어. 그게 내가 속이 상한 이유야.')에 의해서 야기된 것으로 볼 수 있다. 이러한 인과 귀인은 감정의 원인이 무엇인지에 대한 이론뿐 아니라 무엇을 변화시켜야 하는지에 대한 이론에도 영향을 미친다. 내담자는 '약을 먹어 뇌의 생화학을 바꿔야 하나?' '내 성격을 바꿔야 하나?' 혹은 '내가 생각하고 행동하는 방식을 바꿔야 하나?'라고 스스로 질문하고 있을지도 모른다. 감정의 원인이 멀수록(예를 들어, 유전, 초기 경험, 과거 외상) 감정이 변화하기 더 어렵다고 가정하는 것은 합리적이다.

감정을 기술하는 방식과 감정의 원인에 대한 이론은 감정을 어떻게 바꿀 수 있는지에 대한 믿음과 연결된다. 예를 들어, 어떤 내담자들은 감정에 대한 부모의 부정적 관점에 물들어서 감정을 무시하거나 가능하면 감정을 유발하는 상황을 회피하는 것이 최선의 대응책이라고 결론 내릴 수 있다. 다른 사람들은 '내 삶을 바꾸는 것'과 같이 과잉 일반화된 견해를 지닐 수 있다. 또 다른 사람들은 '내가 어떻게 이렇게 됐는지 알아내려고' 과거를 검토하거나 '억압된' 오랜 기억을 파헤치는 것이 진정을 가져다줄 것이라고 믿는다. 또 다른 사람들은 수동적인 접근을 취하여 지금의 부정적이고 고통스러운 경험을 뒤바꿔 줄 약물에 의존하려고 한다. 그리고 또 어떤 사람들은 '아내가 자신의 행동을 바꾸지 않는 한 내 기분은 나아질 수 없다.'고 주장하면서 다른 누군가가 바뀔 때까지 자신의 감정은 바뀌지 않을 것이라고 믿을 수 있다. 이러한 변화 이론은 내담자가 정서도식치료를 포함하여 어떤 인지행동치료에 어떻게 반응할지에 대해 중요한 정보를 제공한다.

어떤 내담자들은 심지어 어떤 것도 바뀌서는 안 되며 자신은 자신이 느끼는 대로 느낄 권한이 있다고 주장하지만, 동시에 자신의 감정에 대해 불평하며 반추할지도 모른다. 예를 들어, 한 남성은 자신이 화가 난 것은 아내가 자신의 감정을 인정해 주지 않아서라고 말하면서 자신은 상처받고 분노를 느낄 권리가 있다고 주장하였다. 그러나 동시에 그는 이러한 감정들에 사로잡혀 꼼짝할 수가 없었고, 그에 대해 계속 반추했다고 주장하였다. 또 다른 사람들은 변화를 위한 카타르시스 모델에 집착한다. '나는 나의 모든 감정을 쏟아낼 필요가 있다.' 감정 표현과 카타르시스를 지나치게 강조하는 내담자들은 종종 자신의 부정적인 감정에 휩쓸려 버릴 수 있고, 지지적인 친구들과 상호작용할 때 자신이 얻고자 한 바로 그 지지로부터 멀어질 수도 있다는 것을 알게 된다. 예를 들어, 한 여성은 남편이 자신의 감정에 별로 관심을 보이지 않는다고 불평하였다. 그 결과 그녀는 종종 자신이 가지고 있는 모든 부정적인 감정을 주저리주저리 쏟아 내면서 남편에게 불평하곤 하였다. 남편의 반응은 자신이 압도당한다는 느낌, 그리고 아내가 계속하여 감정을 쏟아 놓으며 떠넘길 때마다 자신은 더 멀리 피하고 싶다는 것이었다. 그들은 각자 감정에 대한 문제 있는 믿음을 지니고 있었다. 아내의 믿음은 '나는 나의 감정을 모두 표현할 필요가 있어.' 그리고 '남편은 나의 모든 감정을 이해해 줘야 해.'라는 것이었다. 남편의 믿음은 아내는 통제할 수 없으며, 만일 자신이 아내의 감정을 인정해 주면 아내의 주절거림은 끝나지 않는다는 것이었다. 우리는 다음에서 타당화와 관련하여 문제가 되는 믿음을 탐색할 것이다.

어떤 내담자들은 변화에 대해 적응적인 믿음을 갖고 있다. 예를 들어, '지지를 구함으로써 내 감정을 수정할 수 있어.'라는 믿음은 지지적인 관계가 감정을 조절하는 데 도움이 된다는 측면에서 일부 타당성이 있다. 특히 가족과 친구들이 그의 감정을 타당화하고 있다면 이는 더욱 타당하다. 그러나 행동주의적 대인관계 모델이 제안하듯이, 부정성의 지속적인 표현은 지지의 철회를 동반할 수 있고, 타인들을 멀어지게 함으로써 고립과 거부를 초래하고, 이는 다시 우울증으로 이어질 수 있다(Joiner, 2000). 우리가 다음에서 논의하게 될 다른 적응적인 변화 전략으로는 사태를 다르게 생각하기, 수용할 수 있는 것을 수용하기, 문제 해결, 목표 수정, 자신을 향한 자비심 기르기, 행동활성화, 그리고 중요한 타인과의 의사소통 개선하기가 있다.

17

적응적인 정서 조절 전략

정서도식은 감정에 대한 개념, 해석, 평가, 원인론뿐 아니라 감정에 대처하는 전략을 포함한다. 앞선 장에서 우리는 반추, 걱정, 회피, 안심 추구, 물질 남용, 알코올 남용, 폭식, 불평과 같은 일부 부적응적인 정서 조절 전략을 기술하였다. 나는 '부적응적'이라는 용어를 일시적으로는 고통을 완화하지만, 후에는 더 큰 스트레스를 부과하는 어떤 전략을 기술하는 것으로 정의한다. 예를 들어, 알코올 오용은 매우 빠르게 스트레스를 완화하지만, 우울, 불안, 수면장애, 관계 불화, 건강 문제 및 기타 더 큰 위험을 부과한다. 하지만 사람들은 부적응적인 전략을 선택할 수 있는데, 이는 이러한 전략이 일시적으로 부정적인 정서적 각성을 완화하기 때문이고, 또한 기저에 있는 변화 이론이 이러한 전략이 도움이 될 것이라는 믿음을 포함하기 때문이다. 예를 들어, 반추는 일반적으로 사람들이 즉시 기분이 나아지도록 하지는 않지만 그 개인이 반추가 해답에 이르게 하거나, 문제를 해결하거나, 사안을 진지하게 고려하는 책임감을 반영한다고 믿기 때문에 한 가지 전략으로 선택된다.

이러한 부적응적인 전략은 변화에 대한 이론에 기초한다. 예를 들면, '감정을 잘 다루는 방식은 그것을 피하거나 완전히 그리고 즉시 없애는 것이다.' '내가 이것에 대해 곰곰이 생각하면 내가 왜 안 좋게 느끼는지 알게 되어 문제를 해결하게 될 것이다.'와 같은 믿음은 변화 이론의 예가 될 것이다. '나는 이 감정을 없앨 필요가 있어. 술을 마시면 이 감정에서 벗어나 곧 진정될 수 있을 거야.'와 같은 생각은 또 다른 예가 될 수 있다. 스스로 고립되거나 인간관계를 회피하는 것은 '내 감정이 다른 사람에게 부담을 주기 때문에 나는 그들을 피해야 한다.'라는 이론에 기초할 수 있다. 감정에 대한 평가 및 예측과 관련한 기저의 도식은 또한 부적응적인 전략을 사용하는 데 영향을 미친다. 예를 들어, '내가 스스로 이 감정을 느끼도록 허용하면 감정이 통제할 수 없을 정도로 나를 압도하여 끔찍한 일이 일어날 거야.'라는 믿음은 충동적인 행동이나 물질 남용을 통해 즉시 감정을 제거하려는 긴박한 노력으로 이어질 것이다. 이러한 믿음은 '감정은 일시적이다.' '감정은 나를 해치지 않는다.' '나는 감정을 받아들일 수 있다.' '감정은 때때로 나의 욕구와 가치에 대해 말해 준다.' '다른 사람들도 나와 같은 감정을 느낀다.' '내가 이렇게까지 화가 나지 않도록 상황을 달리 보는 방식이 있을 것이다.'와 같은 믿음과 대비될 수 있다. 치료자는 이러한 대안적인 전략을 내담자에게 제안하고, 각 전략의 손실과 이득을 함께 검토해 볼 수 있다.

정서 조절 전략에서의 유연성

정서도식치료 모델은 내담자가 정서 경험에 대한 새로운 평가와 해석을 개발하는 것을 시작할 수 있는데, 이는 감정에 대처하는 새로운 방식과 연결될 수 있다고 제안한다. 앞서 기술한 것처럼, 이때 어떠한 인지행동치료 모델도 모두 유용하다(Aldao & Nolen-Hoeksema, 2010; Leahy et al., 2011). 정서 조절을 위한 단 하나의 모델은 없다. 여러 다른 모델을 살펴봄으로써 유연성을 얻게 될 수 있는 것과 일관되게 치료자는 다음과 같이 제안할 수 있다. "좋은 소식은 당신이 괴로운 감정을 느낄 때 당신이 적용할 수 있는 수많은 전략이 있다는 것입니다. 그리고 우리가 할 일은 당신에게 효과가 있는 전략을 찾는 것입니다. 많은 전략이 다양한 사람에게 효과가 있습니다. 당신이 지금 슬픔과 외로움을 느끼고 있다고 해 봅시다. 수많은 정서 조절 전략이 효과가 있을 수 있습니다. 한 가지 전략은 당신이 보상을 얻을 수 있도록 행동을 활성화하는 것입니다(우리는 이를 행동활성화라고 부른다). 다른 전략은 사회적인 지지를 얻고 사람들과 연결되는 것입니다. 또 하나의 전략은 사태를 다르게 생각하는 것입니다. 예를 들어, 당신은 지금 사태를 개인적으로 받아들이거나 최악의 파국을 예견하는 식으로 생각하고 있을지도 모릅니다. 또 다른 전략은 당신이 지금 이러한 감정을 느끼고 있음을 수용하면서 가치지향 행동, 즉 당신의 삶을 더 의미 있고 더 나은 삶으로 만들 수 있는 행동에 전념하는 것입니다. 또 다른 전략은 마음챙김 명상을 실천하여 당신이 현재 경험하고 있는 생각과 감정을 관찰하면서 이에 사로잡히지 않는 것입니다. 또 다른 전략은 당신의 감정에 대해 다른 방식으로 생각하는 것입니다. 예를 들어, 당신은 다른 사람들도 당신과 똑같이 느낄 수 있음을 깨달을 수 있고, 당신의 경험을 정상화할 수 있으며, 감정은 왔다가 사라지는 것일 뿐 당신을 해치지 않음을 인정할 수 있고, 다른 생각과 다른 행동에 초점을 맞춤으로써 스스로 감정을 통제할 수 있음을 깨달을 수 있습니다. 따라서 우리는 이제 당신이 감정에 대해 생각하는 방식을 바꾸고 감정이 일어날 때 이에 새롭게 대처하는 방법을 모색하기 위해서 함께 계획을 수립해 볼 수 있습니다."

　도움이 될 만한 전략을 결정하는 한 가지 방법은 내담자에게 과거에 어떤 전략이 도움이 되었는지 물어보는 것이다. 예를 들어, 치료자와 내담자는 과거 혹은 현재의 힘든 정서 경험을 살펴보면서 어떤 전략이 도움이 되었는지 검토해 볼 수 있다. 한 내담자는 집에서 빠져나와 친구를 만나는 것이 유익한 전략이었다고 기술하면서 사회적 연결과 지지가 앞으로도 도움이 될 것임을 제안하였다. 이때 치료자는 그것이 왜 도움이 되었는지 질문할 수 있다. 방금 전에 언급한 내담자의 경우에 그녀는 많은 타당화를 받을 수 있었고, 이해와 수용을 받는다고 느꼈으며, 다른 사람들이 표현한 연민을 경험할 수 있었음을 깨닫게 되었다고 하였다. 그녀는 또한 이를 통해 반추로부터 벗어날 수 있었고, 행동으로 옮기기만 한다면 보상을 얻을 수 있는 일이 많다는 것을 깨닫게 되었다고 언급하였다. 사회적 지지의 결과를 통해 우리가 알게 된 것은 반추는 그녀의 부정적 감정을 유지시켰고, 고립은 그녀가 보상적인 경험을 하지 못하도록 차단하였으며, 그녀가 타당화와 연민을 경험할 때 기분이 나아졌다는 사실이다. 따라서 치료자와 내담자는 이러한 사실을 이용하여 행동활성화, 반추를 위한 메타인지 치료, 사회적 연결을 위한 활동 계획, 그리고 자기연민을 격려하기 위한 자비중심치료를 포함하는 행동 계획을 세울 수 있었다.

앞서 부적응적인 전략을 다룰 때에도 언급했듯이, 치료자는 내담자에게 대안적인 적응적 전략을 사용한다면 어떤 결과가 나타날 것이라고 예측하는지 질문할 수 있다. 이에 더하여 치료자는 내담자에게 다른 사람들은 이런 적응적 전략들 중 어떤 것을 사용하는지, 그리고 그 결과는 어떠했는지 그들에게 물어보도록 요청할 수 있다. 내담자는 때로 다른 사람들이 '사태를 다르게 생각하고'(인지적 재구조화) '계속 움직이려고 노력하고'(행동활성화) '자기 자신을 돌보려고 한다.'(자기보상과 자기연민)는 것을 배우게 된다.

적응적인 전략이 정상화됨에 따라 다른 사람들이 적응적인 정서 조절을 위한 역할 모델이 된다. 내담자는 다른 사람들에게 부적응적인 전략에 대해서도 물어볼 수 있다. 예를 들어, 내담자는 친구들에게 "네가 화가 날 때 스스로 고립되어 활동을 차단하는 것이 나쁜 기분에서 빠져나오는 데 도움이 되었니?" 혹은 "당면한 사안을 곰곰이 생각하며 반추하는 것이 네가 앞으로 나아가는 데 도움이 되었니?"와 같이 물어볼 수 있다. 대부분의 경우에 친구들은 놀라서 "아니, 그렇게 하면 오히려 기분만 더 나빠질 뿐이던 걸."이라고 반응할 것이다. 예를 들어, 이혼 과정을 겪고 있는 한 남성이 몇몇 친구와 자신의 경험을 공유하면서 한편으로 다른 사람들도 자신처럼 반추하지만 그들 또한 반추를 통해 기분이 더 악화된다는 것을 알게 되었고, 다른 한편으로 다른 사람들도 사회적 지지를 얻고, 활동을 지속하고, 문제 해결에 초점을 맞추고, 자녀를 돌보고, 다른 여성과 데이트하는 것이 유용한 전략이라는 사실에 동의한다는 것을 알게 되었다.

18

사례 개념화

정서도식치료 모델은 내담자의 정서적 경험에 대한 개념화를 수립하는 데 사용된다. 사례 개념화에는 정서가 진화적인 도전과 어떻게 관련되는지에 대한 평가(예를 들어, 불안과 공포는 낯선 사람, 동물, 오염의 위협과 관련됨), 정서적 사회화(부모와 다른 사람들이 내담자의 감정에 어떻게 반응했는지), 현재의 지지 체계(배우자 혹은 연인과 친구들이 내담자의 감정에 어떻게 반응하는지), 내담자가 만든 감정과 대처 전략의 '분류 체계'(수용할 수 있는 감정 대 수용할 수 없는 감정, 적응적인 전략 대 문제가 되는 전략), 정서도식(감정에 대한 평가, 설명, 원인론), 그리고 이러한 평가와 대처 전략들의 결과가 포함된다. 애착 경험에서 시작하여 관계의 상실, 감정이 어떻게 표현되고 타당화되고 조절되었는지의 역사를 포함하여 중요한 관계에서의 감정의 역사는 사례 개념화의 중요한 부분이다.

기혼 남성 앤드루의 질투 감정에 대한 사례 개념화를 살펴보

자. 그는 세 자녀의 아빠로서 아내의 출장 여행에 대해 걱정하였는데, 아내가 외도의 유혹을 받을까 봐 두려워하였다. 그는 처음에 질투에 대한 염려를 표현하면서 그가 어떻게 아내를 추궁하고, 어떻게 '단서'를 찾는지(예를 들면, 그녀가 어디로 가는지 알아보기 위해 그녀의 차의 GPS를 확인하고, 몰래 헬스클럽까지 뒤따라가서 바깥에서 기다리고, 그녀의 이메일과 문자 메시지를 확인하는 등)를 기술하였다. 그러다가도 그는 뿌루퉁해서 뒤로 물러나곤 하였다. 그는 자신의 이런 행동이 사전에 정보를 얻음으로써 아내가 바람을 피우더라도 놀라지 않는 데 도움이 된다고 생각하였다. 그의 질투는 불안, 슬픔, 절망, 무기력, 분노, 혼란 같은 다양한 범위의 다른 감정들을 포함하였고, 그는 자신이 얼마나 많은 시간을 미래에 대해 걱정을 하거나 무슨 일이 벌어지고 있는지에 대해 반추하면서 보내는지 기술하였다. 우리는 독심술('그녀는 요즘 상사한테 관심이 있어.'), 개인화('그녀는 내가 따분한 사람이라서 싫증이 났어.'), 점쟁이 예언('그녀는 언젠가 바람을 피울 거야.'), 파국적 사고('그녀가 바람을 피운다면 너무 끔찍하고 살아가야 할 이유가 없어.')와 같은 그의 자동적 사고를 확인하였다. 그는 또한 지속 시간('나의 질투 감정은 영원히 계속될 거야.'), 통제('내 질투는 통제할 수 없어. 나는 질투 감정을 없애야 해.'), 감정에 대한 단순화된 견해('나는 좋든지 나쁘든지 한 가지 기분만 느껴야 해. 나는 아내에 대한 복잡한 감정을 견딜 수 없어.'), 정상화 결여('다른 사람들은 이런 식으로 느끼지 않을 거야.'), 죄책감('나는 질투를 느껴서는 안 돼.'), 이해할 수 없음('나는 왜 이렇게 기분이 나쁜지 도무지 이해할

수 없어.'), 그리고 수용할 수 없음('나는 이런 감정을 받아들일 수 없
어.')에 대한 믿음을 포함한 질투 감정에 대한 믿음을 지니고 있
었다. 치료를 시작했을 때 그는 절망적으로 느끼고 심지어 자살
충동을 느끼고 있었지만, 우리가 함께하는 작업이 그에게 도움
이 될 수 있는지를 알고 싶어 했다.

그의 발달사를 살펴보면 그의 불신의 기원을 엿볼 수 있다. 그
는 가족 공동체의 기둥인 아버지가 수년 동안 엄마를 속이고 바
람을 핀 것에 대하여 얘기하였다. 하지만 그는 20대가 되어 형
이 그 사실을 알려 줄 때까지 그 사실에 대해 알지 못하였다. 앤
드루는 엄마와의 삶을 계속 이어 갔던 아버지한테도 화가 났지
만, 그 사실을 자신에게 숨겨 온 형한테도 화가 났다. 그는 엄마
가 치욕을 당했으며 자신과 엄마만이 그 사실을 모르고 있었다
고 생각하였다. 그는 지금은 아내가 된 베키에게 자신의 과거사
를 처음으로 얘기하였다. 당시 그와 그녀는 20대였고, 수년 동안
만났다 헤어지기를 반복하는 사이였으며, 한때 앤드루가 바람을
펴서 베키와의 관계를 끝낼까 고민하기도 하였다. 하지만 그들
은 결국 결혼하여 가정을 이루었고, 베키가 출장이 잦은 직업을
얻기 전까지는 어느 정도 안정된 관계를 유지하였다.

앤드루가 정서도식 모델에 더 익숙해질 수 있도록 나는 무슨
일이 벌어지고 있는지 더 큰 그림을 그려 보자고 제안하였다. 나
는 그에게 질투, 특히 남성에서의 성적인 질투의 진화론적 가치
에 대하여 설명하였고, 또한 그가 가족으로부터 배신당했다고
느낀 아동기 경험과 아버지가 부정하게 외도를 저지른 역사가

어떻게 베키의 신뢰성에 대한 믿음에 영향을 미쳤는지를 설명하였다. 나는 그의 질투가 그가 소중히 여기는 가족에 대한 헌신의 가치와 연결된 보편적인 감정이고, 그가 자신의 '이익'을 지키기 위해 애쓰고 있음을 반영하며, 그가 보여 준 것처럼 다양한 '안전 행동'(추궁하고, 확인하고, 미행하고, 시험하는 등)을 수반하는 감정이라고 설명하였다. 우리는 이러한 안전 행동의 득실을 검토하였고, 그는 이러한 행동을 통해 자신이 더 안전하게 느낄 수 있을 것으로 생각했지만, 실제로는 질투와 결합한 강박 관념에만 더 사로잡히게 되었음을 인정하였다.

우리는 안전 행동이 필요하다는 그의 생각을 어떻게 검증해 볼 수 있을지 검토하였고, 안전 행동을 포기하는 실험을 통해 몇 주 동안 그의 질투가 증가하는지 살펴보기로 하였다. 예상대로 그의 질투는 처음에는 솟아올랐지만, 다음 2주 동안에는 서서히 감소하였다. 이후 우리는 그의 질투를 원가족과 연결하고, 또한 결혼 생활에서 누군가를 의지하거나 믿어서는 안 된다는 그의 암묵적인 가정 및 아내의 어떠한 친근한 행동도 의심할 만한 근거가 될 수 있다는 그의 믿음과 연결 지음으로써 그의 질투를 이해할 만한 것으로 만들려고 노력하였다.

우리는 좋은 관계가 종종 어떻게 양가감정을 포함하는지 살펴보았다. 그가 아내에게 양가감정을 느끼고 있듯이, 그녀도 그에게 양가감정을 느낄지도 모른다. 우리는 그가 심지어 오랜 친한 친구들과의 관계에서도 양가감정을 얼마나 자주 느꼈는지 그 증거를 살펴봄으로써 양가감정을 정상화하였다. 우리는 질투 감정을 수용하면서도 그와 동시에 그 감정에 따라 행동할 필요가 없음을 인정하는 것의 이점을 생각하였다. 나는 '질투하는 시간'을 배정하였고, 그는 매일 20분 동안 질투에 초점을 기울였다. 그 시간 동안 그는 질투 어린 걱정이 그의 결혼 생활을 개선하거나 그가 그토록 원했던 확실성을 주는 등의 어떤 유용한 행동을 가져왔는지 스스로 질문하였다.

우리는 질투 감정을 수용하는 것의 이점을 살펴보았고, 또한 그가 아내 및 아이들과 함께할 수 있는 긍정적인 행동, 즉 감정에 반하는 행동을 찾아보았다. 이에 더하여 우리는 질투를 제거해야 한다는 그의 믿음을 검증하기 위하여 그가 질투하는 시간 동안에 자신이 두려워하는 생각('아내가 나를 속이고 있을지 몰라.')을 200번 반복하도록 하였다. 즉, 그는 어떤 생각이나 감정을 활성화하여 습관화될 때까지 그것을 반복하는 '권태 기법'을 연습하였다. 그 후에 우리는 만일 그가 젊고 매력적인 여성들과 일하는 것을 보고 그의 아내가 질투심을 표현한다면 그는 어떻게 반응할 것인지 검토하였다. 이것은 어떤 비윤리적인 일이 일어나지 않았음에도 불구하고 누구라도 질투를 느낄 수 있다는 것을 보여 주는 데 도움이 되었다.

사례 개념화 개관

[그림 18-1]은 앞서 기술한 내담자의 사례 개념화를 위한 일

반적인 도해를 개관하였다. 그러나 이 도해의 내용은 다른 정
서도식과 전략으로 얼마든지 수정될 수 있다. 정서도식 모델을
사례 개념화에 적용하기 위하여 더 상세한 설명이 필요하다면
Leahy(2015)와 Leahy(2018)를 참고하기 바란다.

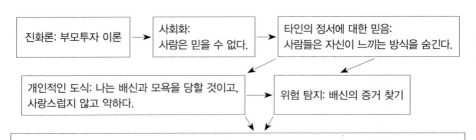

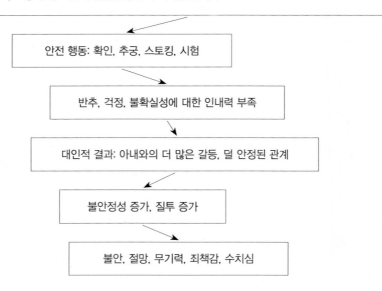

[그림 18-1] 질투의 사례 개념화

사례 개념화의 가치는 개념화 과정에서의 각 지점이 곧 가능한 개입의 지점임을 가리킨다는 것이다. 앞선 도해를 통해서 우리는 이러한 개념화 과정의 단계를 개관하여 제시하였는데, 치료자는 단계적으로 내담자를 이론적 모델에 사회화하고, 감정을 진화 과정과 연결하며(이는 감정을 정상화하고 보편화하는 데 도움을 준다), 현재의 정서적 관심사를 아동기의 다른 경험들과 연결하고, 자신 및 타인과 관련한 도식을 개인적 특성 및 정서 경험의 관점에서 파악하며, 부적응적 대처 전략을 파악하고, 이러한 전략을 감정에 대한 가정 혹은 도식과 연결하며, 이러한 믿음과 전략이 내담자가 현재 겪고 있는 어려움을 어떻게 유지하는지 보여 줄 수 있다.

19

정서 표현

치료자와 내담자는 언제, 어떻게 감정을 표현할 수 있는지, 그리고 감정을 표현해도 되는지에 대한 내담자의 믿음을 평가한다. 예를 들어, 내담자는 모든 감정을 충분한 강도로 표현할 수 있어야만 한다고 생각하는 카타르시스 믿음을 지지하는가, 아니면 감정 표현이 '벌레가 우글거리는 깡통'을 엶으로써 감정을 조절하기 더 어렵게 만들 뿐이라고 믿는가? 카타르시스 믿음을 지지하는 내담자들은 정신역동적 치료자들과 비슷하게 감정을 수력 모델을 따르는 것으로 이해한다. 이 모델의 기저의 가정은 단순하게 '감정을 바깥으로 배출하는 것'은 감정을 억제하는 데 사용하는 긴장을 완화한다는 것과 이러한 압력 완화가 불안을 줄인다는 것이다. 이러한 믿음을 지지하는 내담자들은 종종 '나는 털어놓을 필요가 있어.' '나는 나 자신을 표현해야 해.' 혹은 '나는 실컷 울 필요가 있어.'라고 말한다.

감정을 글로 표현하는 것에 대한 연구에서는 표현이 스트레스

를 경감하고, 신체적 건강을 증진하며, 우울을 완화한다고 제안
하였다. 표현적 글쓰기에 대한 메타 분석 연구에서는 정서적 경
험에 대한 생각과 느낌을 글로 표현하는 것이 신체적 건강과 심
리적 행복에 유익하다는 것을 보여 주었다(Frattaroli, 2006). 감정
을 경험하고 표현하는 것에 단순히 노출하는 것이 유익한 효과
가 있을 것이라고 제안하는 노출 모델이 적절한 모델일 수 있지
만, 변화의 구체적인 기제는 아직 분명하지 않다. 어떤 상황에서
는 표현적 글쓰기가 스트레스를 감소하는 데 도움이 될 수 있지
만, 도움이 되는 요인은 단순히 표현이나 긴장 방출이 아니라 오
히려 개인이 사태를 이해하기 위해 자신의 생각과 감정을 표현
할 수 있는(혹은 글로 쓸 수 있는) 능력이다(Ullrich & Lutgendorf,
2002; Pennebaker, 1997).

대다수의 표현적 글쓰기 연구에서 개인은 자신의 감정을 다른
사람에게 직접적으로 표현하기보다는 중요한 사건에 대한 자신
의 기억을 글로 써 내려간다. 이렇게 '사적인' 형태로 감정을 표
현하는 것이 어떤 상황에서 도움이 될 수 있지만, 관계 안에서
감정을 표현하는 것은 혼합된 결과를 가져올 수 있다. 예를 들
어, 우울증에 대한 Joiner의 대인관계 이론에 따르면 미래에 우
울증의 위험이 있는 사람은 가족이나 친구들에게 부정적인 감정
을 표현하고, 그들은 그에게 조언이나 지지를 제공하려고 할 수
있다. 그러나 어떤 경우에 그는 이러한 지지를 거부하고 더 추가
하여 부정적인 감정을 표현하는데, 그들은 다시 그를 지지하려
고 하고 그는 다시 거부하는 것이 반복될 수 있다. 부정성을 표

현하고 지지를 거부하는 이런 피드백 고리를 통해서 결국 가족
과 친구들은 불평하는 사람을 거절할 수 있으며, 이는 우울증 삽
화의 시작 혹은 유지로 이어질 수 있다(Hames et al., 2013).

표현은 언제 반추가 되거나 환기가 되는가

댄의 예를 살펴보자. 그는 똑똑하고 배려심이 깊지만 종종 친
구들에게 말로 반복적으로 '반추'하였다. 친구들은 그를 타당화
하고, 상황이 어떻게 그가 생각하는 만큼 그렇게 나쁘지 않을 수
있는지에 대해 조언하고, 상황을 개선하기 위해 할 수 있는 일들
을 제안하면서 그를 지지하려고 애썼다. 댄은 친구들의 말에 귀
를 기울이곤 했지만, 다시 불평을 꺼내 놓으면서 상황이 얼마나
나쁜지 긴 넋두리를 늘어놓았고, 이로 인해 몇몇 친구는 그와 함
께하는 시간을 피하기 시작하였다. 어떤 친구들은 그의 부정적
성향을 비판하였고, 또 다른 친구들은 그와의 관계를 끊었다. 이
로 인해 그는 자신이 남들에게 짐이라는 느낌, 이해받지 못하고
돌봄 받지 못한다는 느낌과 함께 외로움을 느꼈다.

또 다른 내담자인 론다는 거의 40년간 때로는 일주일에 4회씩
정신역동치료를 받아 온 60대 후반의 여성이다. 그녀는 사람들
이 자신에게 얼마나 실망감을 안겨 주는지, 자신의 기분이 얼마
나 나쁜지, 자신한테 애인이 얼마나 안 맞는 사람인지에 대해서
끊임없이 불평하였다. 그녀는 치료 회기를 부정적인 감정이나

기억을 표현하는 환기 시간으로 여겼는데, 이로 인해 그녀는 아무것도 더 나아지지 않을 것이며 자신이 생각하는 것처럼 상황이 나빠질 것이라는 믿음을 유지하였다. 그녀의 현재 애인과 과거의 남성들은 그녀의 이러한 불평의 반추적인 표현 방식으로 인해 그녀로부터 멀어졌다. 그들은 그녀가 어떤 좋은 자질을 지니고 있지만, 그녀가 놓은 표현적인 반추의 덫에 빠져 있음을 알게 되었다. 그녀는 인지행동치료가 불평과 표현 방식을 조정하면서도 생각, 감정 및 행동이 어떻게 하면 변할 수 있는지에 또한 초점을 맞춘다는 것을 알고 놀랐다. 정서도식치료자는 내담자가 어떤 표현은 상대방이 이해하기만 한다면 도움이 될 수 있지만, 계속되는 반추적 표현은 내담자가 부정적인 것에 대한 초점으로 과도하게 빠지게 만들고, 지지적인 사람들을 멀어지게 하며, 반추적인 인지 양식을 계속 강화할 수 있다는 것을 이해하도록 돕는다.

표현에서 일부 사람들에게 빈번하게 일어나는 문제는 표현의 강도이다. 예를 들어, 어떤 내담자들은 다른 사람들이 자신의 감정을 이해할 수 있게 하려면 감정의 세기를 증폭할 필요가 있다고 믿는다. 한 내담자는 그의 부정적 감정을 표현할 때 말 그대로 비명을 지르곤 했는데, 그의 격렬함에 당황하고 압도된 아내는 불안에 떨었다. 그가 비명을 지르며 고통을 호소할 때, 그는 바닥에 누운 채 몸부림치면서 앞뒤가 안 맞는 문장으로 절규하듯이 자신을 표현하곤 하였다. 이렇게 감정에 사로잡히게 되면 그의 부정적 감정의 강도는 더 세졌고, 치료에서 논의한 기법들을 활용하기란 거의 불가능하였다. 그는 감정 표현이나 표출을 위한 어떤 암묵적인 '규칙'이 있는 것 같았다. '당신이 진정 감정을 풀어 버리려면 표현을 극대화하라.' 치료자는 거의 모든 회기에서 그가 가벼운 강도에서 극단적인 강도까지 모든 범위의 감정 강도를 표현하고 있다는 것을 분명히 보았음에도 불구하고, 그는 감정을 표현할 때 켜고 끄는 두 개의 스위치만 있다고 자신을 묘사하였다.

　표현에서의 이러한 이분법적인 관점은 그의 감정 조절을 더 어렵게 하였는데, 왜냐하면 매우 격분한 목소리로 소리치고 비명을 지르는 것은 단지 그 순간 그를 더 망가뜨리기만 하기 때문이다. 켜고 끄는 방식, 즉 격렬하게 표현하거나 전혀 표현을 안 하는 방식과 관련한 이러한 믿음은 치료 목표 중 하나가 되었다. 치료 중에 강렬한 표현 방식의 득실을 검토하면서 격렬한 감정 표현이 단지 무력감과 부부 불화를 증가시킬 뿐이라는 사실이 점점 더 명백해졌다. 감정을 격렬하게 표현할 때, 그는 종종 돌아오지 못할 지점에 다다랐음을 느낄 뿐 감정의 상승을 막는 데에는 더 무력해졌다. 감정을 좀 더 일찍 알아차리고, 마음을 챙겨 거리를 두며, 사태를 바라보는 시야를 넓히려고 노력하고, 치료자와 논의한 것을 상기함으로써 그는 감정 표현의 강도를 점차 줄일 수 있었다.

사회적으로 지능적인 표현

치료자는 "누구에게 그리고 어떤 상황에서 감정을 표현하나요?"라고 질문할 수 있다. 예를 들어, 정서 지능의 한 요소는 감정 표현의 맥락적인 적절성을 이해하는 것이다. 어떤 내담자들은 강렬한 감정 표현 혹은 어떤 종류의 감정(예를 들어, 부러움, 분개, 복수심) 표현은 직장 환경에서 환영받지 못할 수 있다는 것과 사회적 맥락에 따라 감정 및 그 표현 양식의 허용 범위가 달라질 수 있다는 것을 인식하는 데 어려움을 보인다.

연인이나 친한 친구들과는 특정 감정을 특정 수준의 강도로 공유하는 것을 받아들일 수 있어도 다른 사람들과 그렇게 하는 것은 문제가 될 수 있다. 예를 들어, 직장에서 적대감이나 분노를 표현하면 적대적인 업무 환경을 만들었다는 이유로 징계의 사유가 될 수 있다. 혹은 직장에서 동료나 부하 직원에게 성적인 감정을 표현한다면 성희롱으로 소송을 당할 수도 있다. 흥미롭게도 어떤 사람들은 부부관계에서는 자신이 느끼는 것을 무엇이든지 다 표현할 수 있어야 한다고 믿는다. "집에서 나의 모든 감정을 표현하면서 온전하게 나 자신으로 있는 게 왜 나쁘지요?" 이것은 우리가 부부치료에서 일반적으로 관찰하는 것처럼, 부부는 집에서 '모든 감정을 자유롭게 표현'할 수 있고 배우자는 이를 수용해야 한다고 믿는 공통적인 '정서적 특권 의식'이다.

감정 표현은 표현 내용, 표현 강도, 표현 방식, 지속 시간, 청중, 사회적 맥락, 타인의 반응, 타인의 피드백에 대한 개인의 반응을 포함하는 것으로 세분화할 수 있다. 표현한 내용, 즉 무엇을 표현하였는지는 종종 다른 사람들이 그 표현에 어떻게 반응하는지를 결정하는 중요한 요소다. 예를 들어, 남성 동료 두 명이 식당에 있었는데 그중 젊은 동료가 한 유부녀와의 성행위 경험을 그 느낌과 함께 생생하고 자세하게 묘사하기 시작하였다. 나이 든 동료는 이런 종류의 대화에 불편함을 내비쳤고 화제를 바꾸자고 제안하였다. 그러나 젊은 동료는 이러한 화제의 부적절성을 인정하기보다는 나이 든 동료가 억제적이라는 것을 암시하듯이 "내 생각에 당신은 이 문제에 보수적인 것 같아요."라고 말하였다. 그 말을 듣고 나이 든 동료는 젊은 동료가 전문인답지 않고, 미성숙하고, 계속 사귀고 싶지 않은 사람이라는 견해를 더 굳히게 되었다.

　앞서 논의한 것처럼 표현 강도와 관련하여 그 강도가 어떻게 지각되는지 혹은 강도를 높이는 것이 어떻게 조절장애로 이어질 수 있는지를 인식하는 것은 정서도식치료에서 중요한 목표가 된다. 지나칠 만큼 극적인 강도로 표현하지 않는다면 적절한 표현 내용의 상당 부분이 오히려 더 잘 전달될 수 있는데, 왜냐하면 표현 강도가 과도하게 강렬할 경우에 듣는 사람은 표현 내용이 아니라 강도에 반응함으로써 실제 내용이 잘 들리지 않을 수 있기 때문이다. 치료자는 내담자가 이와 같은 사실을 잘 인식할 수 있도록 도울 수 있다. 우리가 고려할 또 다른 요소는 표현의 지속 시간인데, 어떤 사람들은 상대방의 반응을 허용하지 않고 긴 시간을 계속해서 말한다. '발언권을 쥐고 놓지 않으려는' 이러한 경향은 종종 듣는 사람을 멀어지게 만든다. 치료자는 지나치게 긴 발언은 종종 청중의 실종으로 이어진다는 것, 그리고 자신이 말하려는 내용을 편집하고 상대방으로부터 피드백을 요청함으로써 더 효과적으로 의사소통할 수 있다는 것을 내담자가 주지하도록 도울 수 있다. 발언 시간이 줄게 되면 의사소통은 자기중심적이기보다는 더 상호적인 것이 될 수 있다. 이것 또한 정서도식치료의 목표가 된다.

들는 사람 혹은 청중 또한 숙련된 의사소통에서 중요한 요소다. 예를 들어, 한 내담자는 많은 동료에게 다른 동료에 대한 불만을 포함하여 업무 환경에 대한 불평을 늘어놓았다. 이로 인하여 그녀는 직장에서 불평꾼과 험담꾼으로 소문이 났으며, 사무실에서 소외를 당하였다. 할 말을 걸러 내지 못하는 것, 청중에 대한 인식이 없는 것, 그리고 자신이 한 말이 모두 비밀에 부쳐질 것이라고 순진하게 믿는 것은 치료의 중요한 토론 주제가 되었다. 이러한 논의를 통해 그녀는 자신이 소외를 당한 것이 적절하지 않은 사람들에게 불평한 결과이며, 다른 사람들의 신뢰를 다시 얻기 위해 자신이 무엇을 해야 하는지를 알게 되었다.

이와 비슷하게 표현의 사회적 맥락 또한 의사소통과 관련한 정서 지능의 중요한 요소다. 앞서 언급했듯이, 성행위의 세부 사항을 동료에게 생생하게 묘사한 남성은 자신의 평판을 스스로 깎아내렸으며, 권위적인 위치에 있던 나이 든 동료의 거부를 초래하였다. 사회적 맥락의 또 다른 예는 우연히 만난 낯선 이에게 지나치게 자신을 공개하거나, 동료에게 사생활과 개인적인 느낌을 과도하게 노출하는 것인데, 이는 그들을 불편하게 만든다. 예를 들어, 낯선 사람과의 첫 만남에서 심각한 심리적 어려움을 털어놓는 내담자들은 종종 사람들이 자신과 다시 만나기를 꺼린다는 것에 놀란다. 우리가 보통 다른 사람들을 처음 만날 때 암묵적으로 지니는 가정은 우리 자신의 최선을 내보임으로써 다른 사람들이 자신에게 지니게 될 인상을 관리하려고 노력한다는 것이다. 어떤 사람이 첫 만남에서 심각한 문제나 관계의 어려움, 해결되지 않은 위기를 공개하면 다른 사람들은 '이것이 그의 최선이라면 다음은 무엇인가?'라고 생각할 수 있다. 정서도식치료자는 내담자가 대인 의사소통은 종종 인상 형성을 포함하며, 무엇을 얘기하고 어떻게 얘기하는가는 다른 사람들이 내담자에 대한 인상을 형성하는 데 영향을 미친다는 것을 인식하도록 돕는다.

청중을 알고 다른 사람들은 그의 생각과 감정에 별 관심이 없을 수 있다는 것을 인식하면서 '재치 있고' '능숙하게' 표현하는 것은 감정 표현과 관련한 정서 지능의 중요한 요소들이다. 치료자는 내담자에게 그가 한 말의 결과로 다른 사람들이 그에 대해 어떤 인상을 형성하게 될지에 대해 생각해 보도록 요청할 수 있다. "만일 당신이 당신의 말을 듣고 있는 동료의 머릿속에 들어간다면 그들은 무엇을 생각하고 느낄 것 같나요?" 이에 덧붙여 치료자는 "그들이 당신에 대해 어떻게 생각하고 느꼈으면 좋겠나요?" "그와 같은 말들이 이러한 당신의 목표를 달성하는 데 어떻게 도움이 된다고 생각하나요?"라고 물어볼 수 있다.

　마지막으로, 내담자들은 종종 자신의 생각과 감정을 표현한 후에 다른 사람들로부터 피드백을 받는데, 이 피드백에 대한 반응이 관계를 잠식할 수 있다. 예를 들어, 한 여성은 종종 엄마에게 소리치고 언어적으로 공격하는 것으로 자신의 감정을 강렬하고 극적으로 표현하고는 하였다. 엄마가 딸에게 자신은 늘 그녀를 아끼지만 소리치고 모욕하는 건 받아들이기 어렵다고 말하였을 때, 그녀는 "당신은 나를 전혀 아끼지 않아요!"라며 더 소리를 질렀다. 피드백을 주는 사람을 공격하는 이런 방식은 그녀를 가족과 친구들로부터 더 소외시켰고, 그녀가 사랑스럽지 않다는 느낌을 더하였다. 치료자는 그녀에게 엄마의 관점에서 딸이 소리치는 것을 듣는 게 어떨 것 같은지 상상해 보도록 요청하였다. 이러한 대화를 통해 그녀는 자신의 감정을 격렬하게 고함치는 것으로 표현하기보다는 '내가 무엇을 느끼는지'에 대해 '정중하게 말하는 것'이 더 효과적임을 인정하게 되었다.

　감정 표현을 단순히 '수압'이나 '정화'의 관점에서 보기보다는 그 표현의 대인관계 맥락과 결과를 인식하는 것이 중요하다. 정서도식치료자는 이와 같은 표현의 요소 각각에 대한 내담자의 지식과 믿음을 탐색하고, 내담자가 특정한 사람들과 특정한 맥락에서 특정한 시점에 특정한 표현을 한 결과를 검토하도록 도울 수 있다. 감정 표현의 특권 의식 또한 다룰 만한 가치가 있는데, 왜냐하면 어떤 내담자들은 자신이 느끼는 것은 무엇이든지 다 표현할 수 있어야 한다고 믿고 있기 때문이다. 표현의 특

권 의식은 그것이 실제로 어떻게 펼쳐지는지, 구체적인 실례, 그
것의 결과, 특권 의식을 정당화하는 근거, 다른 사람들은 그러
한 표현을 어떻게 보는지 등의 측면에서 검토해 볼 수 있다. 만
일 배우자나 친구들이 자신이 가진 모든 부정적인 감정을 다 표
현할 수 있어야 한다는 특권 의식을 느끼고 있다면 내담자는 어
떻게 느낄지를 생각해 보도록 요청하는 것은 종종 도움이 된다.
이러한 이중표준 기법은 특권 의식의 자기중심적 편향을 깨닫게
하는 데 도움이 될 수 있다.

표현 불능

감정 표현을 하지 못하거나 꺼리는 것은 특권적 표현성 및 과
도한 표현성과 대비될 수 있다. 이러한 억제된 표현성은 감정에
접근하고 이를 경험하고 표현하는 것에 대한 어떤 믿음의 결과
일 수 있는데, 이러한 믿음은 감정을 통제할 수 없을 것이라거
나, 감정이 무한히 지속될 것이라거나, 다른 사람들이 자신을 제
멋대로인 사람으로 볼 것이라거나, 혹은 감정 표현이 원치 않는
수치스런 감정을 드러낼 것이라는 염려와 관련된다. 예를 들어,
한 남성은 그의 내적인 삶이 역겹고 창피하다고 암시하면서 자
신의 감정에 접촉하여 이를 표현하는 것을 '벌레가 우글대는 깡
통을 여는' 것에 비유하였다. 또 다른 내담자는 만일 자신의 감
정을 표현한다면 치료자가 자신을 하찮게 볼지도 모른다고 두려

위하였다. 또 다른 남성은 "감정을 표현한다는 것이 도대체 무슨 유익이 있지요?"라고 말하면서 원가족 내에서 감정을 표현한 것이 비웃음과 조롱으로 이어졌던 과거를 회상하였다. 그는 "사람들은 감정을 이용하여 당신을 불리하게 만들 거예요."라고 덧붙였다.

감정 표현과 관련한 이러한 믿음은 종종 감정 표현이 협박과 모욕을 통해 삭감되고 박탈되었던 원가족 내에서의 초기 경험과 관련될 수 있다. 예를 들어, 감정 표현이 자신에게 불리하게 이용될 것이라고 말한 남성은 가족 내에서 취약한 감정을 드러낸 것이 어떻게 조롱으로 이어졌는지, 자신이 어떻게 아버지와 형의 놀림감이 되었는지를 생생하게 기술하였다. 그의 집안에서는 감정 표현이 '남성적'이지 않은 약함의 상징으로 여겨졌고, 굴욕의 시발점이 되었다. 그 결과로 그는 감정에 대한 다른 부정적인 도식들을 발달시키게 되었다. 감정은 수치스럽고, 이치에 닿지 않으며, 다른 사람들은 자신과 비슷하게 느끼지 않을 것이고, 자신은 타당화 받지 못할 것이라는 믿음이 그 예다. 이런 부정적 도식에 더하여 그는 또한 그의 감정을 인식하고 이름 붙이는 것을 어려워하였고, 그가 여자친구에 대해 '실제로 어떻게 느끼는지' 당혹스러워하였다. 그는 감정 경험에 접근하는 것과 감정을 명명하고 소유하는 것이 어려웠기 때문에 결정을 내리는 데에도 상당한 어려움을 보였다. 그는 자신이 '실제로 어떻게 느끼는지' 혹은 그의 '내장'이 무엇을 말하는지 도무지 알 수가 없었다.

마지막으로, 치료자는 내담자가 다른 사람들과 소원해지지 않도록 더 적응적인 방식으로 표현하는 것을 도울 수 있다. 이것은 상대방을 압도하지 않도록 자신이 할 말을 편집하고, 자신의 감정을 표현할 때 사용할 적응적인 전략에 대해 이야기하고, 상대방을 타당화하는 것과 같은 지침을 포함한다. "당신은 우울한 사람처럼 행동하고 있지 않나요? 당신의 표현이 지나치게 부정적이지는 않은지 살펴보세요." "당신이 하고 있는 긍정적인 것들에 대해 얘기해 보세요." "한 가지 문제점을 제시하면 한 가지 해결책도 제시해 보세요." "스스로 최악의 적인 것처럼 말하지 마세요." "충고를 존중하세요."와 같은 구체적인 지침을 제안할 수 있다(Leahy, 2010). 치료자는 이러한 제안의 장단점을 살펴보면서 각 제안의 논리적 근거를 검토해 볼 수 있다.

정서도식치료자는 감정 표현이 중요하지만 어떠한 의사소통에서와 마찬가지로 감정 표현에도 구체적인 기술이 있다는 것을 인정한다. 치료자는 단순히 "당신의 모든 감정을 표현하세요."라고 말하기보다는 유용한 표현 양식을 찾아보고 의사소통 실험을 설정하도록 도울 수 있다. 예를 들어, 치료자와 내담자는 모든 부정적인 감정을 나열하면서 오랜 시간을 보내기보다는 표현할 말을 편집하고, 강도를 조절하며, 부정적인 것뿐 아니라 긍정적인 것을 기술하고, 상대방이 참아 준 것을 강화하는 등 더 숙련된 의사소통 기술을 역할연기를 통해 연습할 수 있다.

20

타당화, 자기타당화 및 자기자비

정서도식치료 모델은 치료의 초기 단계에서뿐 아니라 전체 치료 기간에 걸쳐 모든 정서 경험의 타당화를 치료 과정의 핵심으로 이해한다. 정서도식치료자는 행동적 및 인지적 변화의 중요성을 인식하는 동시에 사람들이 새로운 대처 방식을 배우기 위해서 치료에 올 뿐 아니라, 그들의 힘든 감정을 공유하고, 비밀과 수치스러운 감정을 털어놓고, 다른 사람에게 이해받는다고 느끼고, 치료자와의 연결 속에서 안전함을 경험하기 위해서 치료실을 찾는다는 것을 인식한다. 내담자들이 치료자가 자신을 이해하지 못한다, 개인적인 연결보다는 기법에만 초점을 맞춘다, 혹은 인간적인 연결 이면의 과정보다는 성과에만 신경을 쓴다고 불평하는 것은 흔한 일이다. 이 모델에서 한 가지 치료 목표는 내담자가 치료 환경을 모든 감정이 표현되고 이해되고 수용되고 존중될 수 있는 안전한 곳으로 느끼는 것, 그리고 내담자가 감정을 표현했다는 이유로 부모나 형제들로부터 소외되었던 아동기에 경험한 경멸, 비판, 무시의 태도를 다시 경험하지 않는 것이다.

아무도 이해하지 못한다

사람들이 종종 느끼는 어려움 중 하나는 자신의 정서 경험을 이해하거나 받아들이는 사람이 아무도 없다고 믿는 것이다. 정서도식치료자는 감정 경험과 이에 뒤따르는 문제적인 행동 혹은 의사소통을 구분한다. 이는 감정 표현에 대한 치료자의 지속적인 격려, 이러한 감정이 어떻게 이치에 닿는지에 대한 타당화, 감정의 비언어적 표현을 주목하고 반영하는 것, 감정을 가치와 연결하는 것, 그리고 이러한 감정의 보편적인 성질을 알려 주는 것을 포함한다. 타당화는 자기자비를 포함하는 자비와 연결되는데, 자기자비를 통해서 우리는 자비의 이미지, 기억 및 자기주도적인 진술로 자신을 달래고 위로할 수 있다(Gilbert, 2009; Gilbert & Irons, 2004). 정서도식치료 모델은 감정 경험을 위한 안전한 공간을 만듦으로써 내담자들이 수치심이나 죄책감 없이 감정 경험을 표현하고 공유할 수 있으며, 이러한 감정을 위한 여유 공간을 만드는 것이 치료 목표임을 인식할 수 있도록 돕는다.

우리가 수행한 연구에서는 일상생활에서 타당화를 경험한다고 보고한 내담자들은 거의 모든 차원에서 긍정적인 정서도식을 지니고 있음을 보여 준다. 따라서 타당화, 즉 다른 사람들이 나

의 감정을 이해하고 아낀다는 믿음은 핵심적인 정서도식이 될
수 있다. 예를 들어, 내담자는 타당화를 통해서 다른 사람들도
자신과 같은 감정을 느끼며, 감정에 대해 수치심이나 죄책감을
별로 느끼지 않고, 양가감정을 견딜 수 있으며, 감정을 표현하고
공유하기 때문에 감정이 통제를 벗어나 영원히 계속되지 않을
것을 알고, 자신의 감정을 이치에 닿는 것으로 이해하며, 자신의
감정을 잘 수용한다는 것을 깨닫게 된다. 따라서 로저스의 무조
건적인 긍정적 존중 및 수용의 과정은 타당화의 경험이 거의 모
든 부정적인 정서도식 차원에 영향을 미친다는 점에서 '인지적
인' 결과를 지닌다. 타당화는 우리가 우리 자신의 감정을 바라보
는 방식을 바꾼다.

타당화는 애착이다

정서도식치료 모델은 타당화를 애착 과정이라는 인생 행로의
중심 요소로 이해한다. 영아의 고통스러운 울음소리에 대한 부
모의 반응으로부터 시작하여 부모(종종 엄마)의 반응성, 달래기
및 거울 반응은 안정 애착의 기초를 제공한다. 볼비에 의하면 울
고 따르고 고통을 표현하는 것과 같은 애착 행동은 '체계론적'이
다. 영아는 양육자와의 안전한 연결 체계에서 완결을 추구한다.
영아의 입장에서 볼 때, 이러한 연결을 위한 노력을 무시하는 것
은 더 많은 고통과 더 이상의 노력으로 이어진다. 우는 아기를

달래면 울음을 강화하여 결과적으로 아기가 더 많이 운다고 주장하는 강화 모델의 예측과는 정반대로, 부모가 우는 아기를 반응적으로 달랠수록 아기는 덜 고통을 느끼고 덜 운다. 볼비에 의해 발전한 애착의 사회 체계 모델에 따르면, 부모의 반응의 예측 가능성과 달래는 본성은 영아가 (볼비의 용어로 내적 작동 모델이라고 불리는) 인지도식을 발달시킨다는 점에서 안전 애착의 기초를 형성한다(Bowlby, 1968; 1973). 이러한 초기 도식, 즉 내적 작동 모델은 안전하고 편안하고 예측 가능하고 반응적인 세상으로서의 내면화된 표상을 반영하며, 이러한 내적 도식은 아기를 달래는 특성을 갖게 된다. 영아와 아동에 대한 부모의 반응성에 관한 많은 연구에 따르면, 부모가 반응적일수록 아이들은 더 안정적인 애착을 보이고, 덜 고통스러워하며, 혼자 있을 수 있고, 스스로 위로할 수 있으며, 다른 아이들과 더 잘 사귈 수 있다.

이상적인 타당화

이상적인 타당화는 어떠한 것일까? 타당화의 목적은 무엇이고, 내담자가 추구하는 것은 무엇인가의 질문으로 논의를 시작해 보자. 우리가 다른 사람들을 타당화할 때, 우리는 그들의 고통과 괴로움, 그 감정에 담긴 진실, 그 경험의 타당성을 밝히고, 그들이 느낀 감정과 함께 그들을 수용한다(Leahy, 2015). 타당화가 첫 단계일 수 있지만, 그것이 곧 감정의 변화를 의미하는 것은 아니며, 우리가 그 감정을 이해하고 아낀다는 사실을 전달하는 것을 의미한다(Leahy, 2005). 우리는 좀처럼 이상적인 타당화에 다다를 수 없겠지만 좋은 타당화의 요소들을 밝힐 수 있고, 이는 다음과 같다.

표현의 격려: 치료자는 내담자가 자신의 감정에 대해 이야기하고, 자신에게 중요한 것을 공유하도록 격려한다. 이로 인하여 감정에 대한 흥미와 관심의 토대가 만들어진다.

공감: 치료자는 가령 "당신은 지금 슬프고 외롭고 불안한 것처럼 보이네요. 그리고 늘 이렇게 느낄까 봐 걱정하는 것처럼 들리는군요."와 같이, 내담자의 보고에서 읽을 수 있는 감정을 파악하고 그것에 이름을 붙인다. 공감적인 진술은 피드백을 얻기 위한 질문으로 이어진다. "이것이 당신이 느끼는 것인가요? 당신이 느끼는 감정을 제가 잘 이해하고 있나요?"

고통과 괴로움의 반영: 치료자는 내담자가 얼마나 힘들지를 인정하면서 차분하고 관심 어린 목소리로 그가 경험하고 있는 고통과 괴로움을 반영한다. "당신은 지금 정말로 힘든 시간을 보내고 있군요. 지금 당신이 겪고 있는 것이 당신에게 상당한 고통을 안겨 주는 것 같네요."

감정의 구별과 확장: 치료자는 내담자가 다른 중요한 감정들을 간과하지 않고 자신이 느끼는 모든 범위의 감정을 빠짐없이 묘사하도록 요청한다. "저는 지금 당신의 외로움에 대해 들

고 있지만, 혹시 당신이 느끼고 있는 다른 감정이 있는지
궁금해요." 이때 내담자는 "친구와 연락이 안 되어 화가 나
요." 혹은 "가끔 멍해져서 아무것도 안 느껴져요. 그러고는
폭식을 하지요."와 같이 분노나 무감각한 감정을 보고할 수
있다.

정상화: 치료자는 다른 사람들도 그와 같은 상황에서 같은 방식
으로 느끼고, 고통을 느끼는 것은 인간 본성의 일부이며,
내담자는 혼자가 아니라는 것을 알려 주면서 내담자가 보
고하는 감정을 위한 보편적인 맥락을 제공한다. 감정을 정
상화함으로써 경험에 대한 수치심과 죄책감이 줄어들고,
내담자는 덜 외롭고 덜 소외되고 더 이해받는다고 느끼게
된다.

더 높은 가치와의 연결: 정서도식치료 모델에서 타당화는 종종 고
통스러운 감정을 내담자에게 소중한 더 높은 가치와 연결
한다. 예를 들어, 치료자는 내담자에게 다음과 같이 말할
수 있다. "당신이 이혼 후에 왜 그렇게 슬픈지 이해할 수 있
어요. 친밀감과 연결이 당신에게 매우 소중한 것처럼 느껴
져요. 당신이 무언가를 가치 있게 여길 때 고통은 따라오기
마련이에요. 이는 당신은 피상적인 사람이 아니며, 연결과
진실성이 당신에게 소중하고, 이러한 당신의 가치가 종종
당신에게 상처를 줄 수 있다는 것을 보여 줘요."

현재 순간에 대한 존중: 타당화는 항상 현재 순간의 경험에 관한
것이며, 현재 순간의 감정, 기억, 생각을 공유하는 것에 관

한 것이다. 내담자가 공유하는 것을 듣고 자신이 이해한 것을 반영하면서 치료자는 이러한 감정을 느끼는 현재 순간이야말로 실재하고 중요하며 주목할 필요가 있다는 것을 인정할 것이다. 그것은 "지금 이 순간 당신이 너무 고통스러운 것처럼 느껴져요." 혹은 "지금 순간이 당신에게는 너무 고통스러운가 봐요."라고 말하는 것과 같다. 이러한 말은 고통이 현재의 순간에 실재하며, 이 고통이야말로 지금 순간에 내담자에게 참된 것이고, 치료자와 내담자는 지금 그 고통과 함께하고 있다는 것을 치료자가 듣고 존중하고 수용하고 있다는 것을 전달한다. 이러한 말을 "당신은 지금 기분이 나쁘지만, 당신의 기분은 곧 바뀔 거예요."와 같은 말과 비교해 보라. 후자와 같은 말은 내담자의 고통을 축소하거나 무시하는 말이고, 또한 꼰대처럼 잘난 척하며 그를 가르치려는 말이므로 내담자는 그 말을 듣고 자신이 얼마나 힘든지 이해받지 못했다고 느낄 것이다.

타당화의 한계에 대한 성찰: 치료자는 한편으로 내담자를 이해하고 타당화하기 위한 진지한 노력을 보여 줄 수 있지만, 다른 한편으로 타당화의 한계를 수용하는 것이 중요하다. 만일 타당화의 공식적인 기법을 적용하면 '내담자의 감정을 치유할 수 있을' 것이라고 믿는 치료자가 존재한다고 해도, 내담자들은 그런 치료자가 존재한다는 가능성조차 믿고 싶지 않을 것이다. 치료자는 오히려 타당화를 통해 달성할 수 있는 것의 한계를 인정할 수 있다. "저는 지금 순간이 당신에게 얼마나 힘든지 이해할 수 있어요. 제가 지금 어떤 말을 하더라도 당신은 그렇게 느낄 거예요. 우리가 이 감정을 함께 공유하더라도 당신은 지금 힘들 거예요." 이러한 한계의 인정은 현재 순간에 대한 수용과 존중을 전달하고, 변화가 일어날 때까지 내담자에게 자신이 느끼는 대로 느낄 수 있는 심리적 공간을 허용한다. 이러한 말은 "일주일 뒤면 기분이 나아질 거예요." 혹은 "극복하세요."와 같이 감정을 무시하는 메시지와 대비된다.

21

타당화 추구에서의 문제적인 전략

우리는 감정 표현이 아무리 중요하다고 해도 개인이 유연하지 않거나, 그 맥락을 인지하지 못하거나, 그 내용 및 표현 방식이 적절하지 않다면 감정 표현이 어떻게 문제가 될 수 있는지 살펴보았다. 감정 표현은 긍정적인 결과(홀가분해지거나, 사태가 어떻게 돌아가는지 이해하거나, 의미를 주는 이야기를 만들거나, 타당화를 얻는 등)를 초래할 수도 있고, 부정적인 결과(반추적인 표현이 자신의 소진, 상대방으로부터 도움 요청을 거절당함, 혹은 정서 조절 곤란의 악화로 이어지는 등)를 초래할 수도 있다. 감정 표현이 긍정적이거나 부정적인 결과를 가져올 수 있는 것처럼, 내담자는 또한 다른 사람들이 자신을 타당화하지 않으며 감정 표현이 더 심한 소외감과 패배감을 가져올 수 있다는 것을 알게 된다. 앞서 '이상적인 타당화' 반응을 기술하였지만, 타인으로부터 정기적으로 이런 섬세함과 지지를 경험하는 사람은 거의 없다.

타당화에 대한 문제적인 믿음

타당화를 추구하는 것은 자신을 도와주려는 친구들과 가족의 반응을 방해하는 표현 양식을 가지고 있거나 감정에 압도된 사람들에게는 쉽지 않은 작업이 될 수 있다. 어떤 사람들은 타당화와 관련한 비현실적인 규칙을 지닐 수 있는데, 이러한 규칙은 그들을 더 좌절시킬 뿐 아니라 더 격앙된 감정 표현, 상대방의 거절 혹은 필요한 지지를 얻지 못한 절망으로 이끌 수 있다. 이러한 믿음의 예는 다음과 같다. '만일 당신이 내가 느끼는 대로 느끼지 못한다면 당신은 나한테 관심이 없는 것이다.' '당신이 나보고 변화하라고 한다면 이는 나의 감정을 인정하지 않는 것이다.' '당신이 진정 나를 이해한다면 내가 말하는 모든 것에 동의해야 한다.' '내가 어떻게 느끼는지 말하지 않아도 당신은 나를 이해해야 한다.' 타당화 저항에 빠져 있는 내담자들은 종종 타당화와 관련한 어떤 비현실적인 규칙을 따르고 있어서 치료자를 신뢰하는 데 더 큰 좌절을 느낀다(Leahy, 2005).

정서도식치료자는 이러한 암묵적인 규칙 중 일부를 언급할 수 있다. 내담자는 치료자가 자신의 말을 경청하고 있지 않거나 이해하지 못한다고 느낄 수 있는데, 이때 치료자는 내담자가 이렇게 느끼고 있다는 것을 관찰하고 다음과 같이 말할 수 있다. "당신이 겪고 있는 것을 내가 정확하게 이해하지 못한다고 느끼고 있다는 느낌을 받았어요. 당신이 느끼고 있는 게 맞는지 저에게

말해 줄 수 있나요?" "제가 당신을 제대로 이해하고 있는지 말씀
해 주실 수 있을까요?"

어떤 사람들은 타당화를 추구함에 있어서 문제적인 전략을 사
용하는데, 이는 비타당화, 타인의 거부, 사회적 고립으로 이어지
기 쉽다. 나는 다른 저술에서 이러한 많은 문제적인 전략을 기술
하였다(Leahy, 2001; 2005; 2015). 어떤 내담자들은 자신이 원하는
타당화를 얻지 못하고 있다고 느낄 때, 그 이상의 타당화를 추구
하거나 그 순간의 좌절에 반응하면서 도움이 안 되는 전략에 의
지하고는 한다. 타당화 추구에서 문제 있는 전략으로는 다음과
같은 예들이 포함된다. 반추(상대방이 이해하지 못했다는 생각으
로 끊임없이 불평을 반복하는 것), 파국화(상대방이 아직 핵심을 파악
하지 못했다고 느껴서 자신에게 발생한 일이 끔찍하다고 주장하면서
그 심각성을 강조하는 것), 치료자의 감정 유발(내담자가 주장하려
는 핵심을 강조하기 위해서 자신이 느끼고 있는 것, 가령 '무력감'과 같
은 감정을 치료자도 느끼도록 하거나 치료자를 화나게 하려고 애쓰는
것), 거리 두기(치료자가 '자신에게 다가와 무슨 일이 있었는지 물어
볼' 정도로 자신에게 관심이 있는지를 시험하려고, 뒤로 물러서거나 말
없이 침묵하거나 종잡을 수 없게 말하는 것), 그리고 전이의 차단(친
구들이나 다른 치료자는 자신을 잘 이해하는데 정작 치료자는 자신을
이해하지 못한다고 주장하는 것)이 그것이다.

자기 비타당화

타당화를 위해 지나치게 요구하는 것의 반대편에는 아마도 자신을 타당화하지 않으려는 경향성이 자리할 것이다. 이는 나의 정서적 욕구는 정당하지 않다, 나는 욕구를 지닌 한 인간이기보다는 그저 징징대기만 하는 사람이다, 나의 정서적 욕구는 인정할 필요가 없다는 등의 믿음을 포함한다. 예를 들어, 남편과 수년간 성관계를 갖지 않은 한 여성은 성생활과 애정이 친밀한 관계의 핵심적인 특징이라고 생각하는 대신에 "아마도 제가 너무 욕구가 많은 것 같아요."라고 말하였다.

자기 비타당화를 반영하는 행동의 예들은 다음과 같다. 자신의 욕구에 대해 말하는 것을 꺼림, 욕구를 약함의 표시로 이해함, 욕구에 대해 사과함, 욕구에 대한 정보를 처리하지 못함, 해리, 기대를 낮추려는 시도, 신체화 등이 그 예다. 자신의 정서적 욕구가 '지나치다.'는 생각은 자신이 이성적이고 자기충족적이어야 하며, 절대 불행하지 않고 좌절하지 않아야 하며, 타인에게 결코 자신을 주장해서는 안 된다는 견해로 이어질 수 있다. 어떤 경우에 욕구를 지닌다는 것은 약하고 유아적이고 이기적이며 너무 요구가 많고 남에게 짐이 되는 것과 동일시된다. 이런 프로파일을 보이는 내담자들은 종종 자기패배적이고 조심스럽고 수동적이고 조용하고 위축된 듯 보이며, 치료실에 찾아오는 것을 필요치 않은 일로 보기도 한다. 실제로 어떤 경우에 내담자들은 인지행동치료를 욕구에 대한 하나의 방어 수단으로 여기기도 한다. "제가 왜 이렇게 감정적인지, 왜 이렇게 수시로 욕구를 느끼는지 알아내려고 노력할 거예요. 그러면 사태에 더 잘 대처할 수 있게끔 당신이 저한테 가르쳐 주는 몇 가지 비법을 제가 더 잘 사용할 수 있을 테니까요."

　정서도식치료자는 내담자가 욕구를 약함의 표시로 보면서 자신의 욕구에 대해 사과하는 것을 주목하고, 내담자에게 이 주제를 직접적으로 꺼낼 수 있다. 이러한 탐색적 질문은 내담자가 자신의 욕구가 정당하지 않다는 것을 어떻게 배웠는지, 감정을 느끼는 것이 어떻게 타인에게 짐이 되었는지, 자신의 욕구에 대해 어떻게 사과하게 되었는지에 대한 논의로 이어질 수 있다. 예를 들어, 관능과 지지의 욕구를 느낀 것에 대해 사과를 표현한 한 여성은 그와 관련한 오랜 역사를 기술하였는데, 이는 우울한 알코올 중독자였던 아버지의 정서적 욕구를 존중하여 자신의 욕구를 양보해야만 했던 아동기 시절에서 시작되었다. 그녀는 자신의 욕구를 위한 '심리적 공간'이 없었고, 가족의 평화를 위해서 갈등을 피하고 아버지를 달래는 데에만 초점을 맞추었다. 엄마로서 그녀는 자녀를 강박적으로 보살폈는데, 그녀가 어린애 취급하며 키운 경계선의 딸과 종종 서로 간에 경계 없이 융합되곤 하였고, 서로 매달리면서 개별화에 실패하였다. 사실상 딸의 욕구가 매일의 삶에서 지고의 목표가 됨으로써 엄마로서의 자신의 욕구는 자신이 좋은 엄마가 아니라 이기적인 엄마임을 나타내는 표시로 이해되었다.

자기 비타당화는 정서 강도, 자기혐오 및 충동성을 줄이는 데
도움이 되는 자기자비의 결핍과 결합할 수 있다(Diedrich et al.,
2014; Kelly et al., 2010; Neff, 2003). 자신의 욕구가 정당하다는 인
식을 구축하는 것은 자기타당화와 자기자비를 개발하기 위한 중
요한 단계다. 치료자는 욕구를 느끼는 것의 중요성을 타당화하
고, 욕구를 정상화하며, 욕구를 가치 있는 삶의 목표와 연결함으
로써 내담자가 이웃을 대하는 것과 똑같은 연민을 가지고 자신
을 대하도록 도울 수 있다. 내담자들은 종종 자기자비에 대해 부
정적인 견해를 지니고 있는데, 자신을 자비의 시선으로 보면 자
신이 더 이기적이고 유약하고 나태해질 것이고, 자신은 자비를
누릴 만한 자격이 없다고 믿는다. 치료자와 내담자는 이러한 믿
음을 그것의 논리적 근거와 내담자에게는 적절해 보이는 증거의
측면에서 함께 검토해 볼 수 있다.

22

정서는 보편적이다

　어떤 내담자들은 '다른 사람들은 나와 똑같은 감정을 느끼지 않는다.'고 믿는다. 이렇듯 자신의 감정이 독특하다는 느낌은 자신의 정서 경험은 뭔가 근본적으로 다르거나 잘못된 것이 있다는 의미를 내포한다. 질투의 감정을 예로 들자면, 어떤 사람은 다른 사람들이라면 절대 이런 감정을 느끼지 않을 것이기 때문에 '나의 정서 경험'에는 뭔가 결함이 있다고 믿을 수 있다. 이에 더하여 어떤 감정을 자신에게만 독특한 것으로 보게 되면 자신의 감정이 말이 안 된다는 느낌이 더해질 수 있다. "내가 이렇게 느끼다니 도대체 뭐가 문제지? 다른 사람들은 이런 감정을 느끼지 않는 것 같은데." 그 사람은 자신의 감정이 독특하다고 믿을 뿐 아니라, 그 감정에 대해 스스로 비난하고 그 감정을 숨기며 그 감정 때문에 수치심이나 죄책감을 더 많이 느끼게 된다.

　나는 정신의학계의 중진인 한 동료와 점심 식사를 함께 나누던 장면이 떠오른다. 그는 나의 정서도식치료 이론에 관심을 보였고, 나는 이렇게 대답하였다. "그것은 우리 모두는 우리가 알고 있는 모든 감정을 느낄 수 있다는 생각에 근거하고 있어요. 진화는 질투, 부러움, 원한, 양가감정, 복수심, 절망감을 포함하여 많은 사람이 느껴서는 안 된다고 믿고 있는 감정들의 출현을 가져왔어요. 제 이론은 삶이란 단순히 좋은 감정을 느끼는 것이 아니라 모든 감정을 느낄 수 있는 것이라고 제안하지요. 저는 이런 감정들이 보편적이기 때문에 비정상적인 것을 정상화하려고 하지요." 이어지는 대화에서 그는 몇 해 전에 이혼한 사실과 그 동안 헤어진 아내를 죽이고 싶다는 생각을 한 것은 사실이지만 누군가를 조금이라도 해치는 일은 절대 할 수 없었노라고 털어 놓았다. 그는 또한 대학 시절에 여자친구가 그와 헤어지고 다른 남자와 사귀기 시작했을 때 그 남자에게 분개하고 열등감을 느꼈던 경험을 묘사하였다. 그 후 그는 열심히 공부하여 의학전문 대학원에 들어갔고, 이후에도 그 여자친구와 결혼하여 평범한 경력을 쌓아 가던 그 남자를 이기려고 애썼노라고 말하였다. 그는 "당신은 내가 나의 감정을 소유할 수 있게 허락해 주었어요. 그래서 그 감정이 여기에 그대로 존재해요."라고 말하였다. 나는 우리가 복수심, 질투, 부러움, 원한, 절망감을 포함하여 이 모든 감정을 어떻게 소유할 수 있는지 좋은 예를 들려주서서 감사하다고 반응하였다. "그래서 제 결론은 당신이 힘든 상황에서 인간적인 반응을 보였다는 거예요. 당신은 이것을 인정할 만큼 솔직했어요. 다른 사람이라면 쉽지 않았을 거예요."

위대한 문학작품을 읽다 보면 우리가 여기서 기술하는 감정이 수많은 연극과 소설에서 중심적인 초점이라는 사실을 알 수 있다. 데스데모나에 대한 오셀로의 감정의 초점은 질투이고, 오셀로를 무너뜨리고 죽이기까지 이아고를 몰아붙인 감정은 부러움이다. 아이스킬로스의 『오레스테이아』에서 오레스테스는 그의 아버지 아가멤논을 살해한 그의 어머니와 그녀의 정부를 향해 아버지의 죽음을 복수할 기회를 노린다. 이반 곤차로프의 러시아 소설 『오블로모프』는 사랑에 빠짐으로써 권태감을 극복하고 '구조되는' 한 남자의 이야기를 묘사하였다. 멜빌의 『백경』은 자신의 다리를 앗아간 거대한 흰고래에 맞서 복수하려는 포경선 선장 에이허브의 이야기다. 발라드, 오페라, 시는 사람들이 종종 자신에게만 독특하다고 믿는 감정에 관한 이야기를 우리에게 전해 준다. 사실상 문학, 영화, 연극, 노래가 우리의 마음을 끄는 것 중 하나는 우리는 혼자가 아니라는 것과 어느 누군가 우리가 공통으로 공유하는 감정을 뒷받침하는 이야기를 할 수 있었다는 사실을 인식할 때 이러한 보편성이 우리를 타당화해 준다는 것을 우리가 깨달을 수 있도록 도와준다는 것이다.

정서도식치료자는 내담자가 모든 감정은 보편적이라는 사실, 즉 인간은 어디에서나 이러한 감정을 경험해 왔다는 것을 깨닫도록 도와준다. 좋거나 나쁜 감정 혹은 더 높거나 낮은 자기의 구분은 없다. 감정을 보편화함으로써 내담자는 이런 감정이 혼자만의 것이 아니며, 다른 사람들도 이 모든 감정에 대처해 왔다는 것을 배울 수 있다. 치료자는 내담자가 감정의 보편적 특성을 인식하는 것에 더하여 자신이 느끼는 것과 똑같은 감정, 즉 똑같

은 슬픔, 분노, 불안, 외로움, 질투를 느끼는 다른 사람들을 향한
이해와 타당화, 연민에 대해 숙고해 보도록 격려한다.

정서 경험의 보편화

    정서를 보편화하고 정상화하는 몇 가지 전략이 있다. 여기에
는 질투, 부러움, 원한, 복수심, 성적 욕망 및 환상, 양가감정, 권
태감 등 내담자들이 혼란스럽거나 수치스러워하는 감정들이 포
함된다. 나는 이러한 감정들을 '비난을 초래할 만한 감정'이라고
부른다. 왜냐하면 많은 내담자가 이것은 자신만이 독특하게 골
치 아파하는 감정이고, 다른 사람들은 이 감정과 싸워야만 하는
고뇌에서 이미 벗어났을 것이라고 믿고 있기 때문이다. 다른 동
물에서도 발견되는 보편적인 감정 경험인 권태감에 대해서 살펴
보자. 사실 습관화(자극을 반복적으로 제시할 때 반응 강도가 줄어
듦)를 기술하는 한 가지 간단한 방식은 그 동물 혹은 인간이 '지
루해졌다.'라고 표현하는 것이다. 그러나 많은 사람은 지루함은
느껴서는 안 되는 감정이고, 자신이 지루해진다는 건 뭔가 크게
잘못된 것이라고 믿는다. 예를 들어, 한 여성은 자신의 업무에
대한 불만족을 그것에 권태감을 느낀 결과로 기술하였다.

    '나는 흥분과 충만함을 주는 무언가를 찾아야만 한다.' 보편적
인 감정을 참지 못하는 기저에는 종종 이런 종류의 정서적 완벽
주의가 내재한다. 이와 비슷하게 많은 내담자는 관계에서 느끼

는 양가감정을 받아들이지 못하는데, 그들은 종종 한 가지 감정만을 느껴야 한다고 가정한다. "양가감정이 느껴지는데 어떻게 그 관계 안에 머무를 수 있나요?" 이러한 감정 경험의 정상화는 '원치 않는 감정'의 특성에 대한 몇 가지 질문으로 이어질 수 있다. "많은 다른 사람이 지루함이나 양가감정을 느낀다면 이는 그것이 정상적인 감정이라는 것을 의미하나요? 아니면 내 감정에는 독특한 무언가가 있나요?" "다른 사람들은 권태감이나 양가감정에 어떻게 대처하나요?"

정서의 진화적 기원을 이해하는 것은 정서의 보편화와 정상화를 돕는다. 부러움의 감정을 살펴보자. 우리는 경쟁 상대라고 느끼는 누군가의 성공이나 장점을 지각하면 그에 대해 부러움을 느끼면서 우울해지거나 화가 난다. 무엇이 그러한 불쾌한 감정의 진화적 경로일까? 치료자는 인간은 한정된 자원을 두고 늘 서로 경쟁해 왔고, 따라서 지배 서열이나 신분 체계에서 더 높은 위치를 차지하는 것은 많은 이점을 부여한다는 사실을 알려 줄 수 있다. 이렇게 우리는 한 친구를 사랑하고 아끼면서도 우리가 희망하는 성공을 그가 성취했을 때에는 그에게 부러움을 느낀다. '한 계단 아래'에 있는 것에 대해 느끼는 불편감의 진화적 경로는 성공이나 장점을 얻기 위해 더 열심히 노력함으로써 지배 서열에서 한 계단 위로 올라갈 수 있다는 것이다. 부러움을 느낌으로써 더 열심히 노력하도록 동기화되었거나 지배 서열의 상위에 있는 동료들에게 도전하였던 선조들은 출산과 식량 자원 같은 이득을 부여하는 지위를 획득하였을 것이다.

23

죄책감과 수치심

수치심은 지금도 적응적인가

수치심에 대한 한 가지 관점(Keltner & Harker, 1998)은 당신 자신을 포함하여 타인에게 당신이 진심으로 수치스러워한다는 것을 납득시키는 능력은 당신이 인간관계에서 주고받는 상처를 바로잡도록 허용한다는 것이다. 예를 들어, 나는 종종 다음과 같은 가상적인 상황을 제시하곤 한다. "당신이 앞으로 오랫동안 친밀한 관계를 나눌 누군가를 찾고 있다고 상상해 봅시다. 당신은 매력적이고 재미있고 설렘과 흥분을 주는 한 여성을 만납니다. 그런데 그녀는 당신에게 '저도 당신을 좋아하지만 저에 대해 하나 아셔야 할 것이 있어요. 저는 수치심을 느낄 수가 없어요. 수치심을 느끼게 하는 뇌의 부위가 저한테는 없어요.'라고 말합니다." 그리고는 내담자에게 다음과 같이 질문한다. "당신은 이 사람을 신뢰하겠습니까? 당신의 삶을 그녀에게 의탁하기를 원합니까? 왜 그렇지 않지요?" 수치심은 드러나는 것에 대한 두려움이 수치심의 고통을 가져오는 만큼 상대방이 스스로 자신을 통제할 것이라는 것을 보장하는 기능을 한다. 그렇게 되면 우리는 그들의 자기통제를 신뢰할 수 있다.

자신의 감정을 평가하는 핵심 요소는 죄책감과 수치심이다. 내담자들은 자신이 좋아하는 사람에게 성적 환상이나 부러움, 분노를 느끼는 것에 죄책감을 느낄 것이다. 그들은 자신의 환상에 수치심을 느낄 수 있고, 슬퍼하거나 불안해하는 것에 부끄러워할 수 있다. 따라서 어떤 감정 경험에는 이러한 평가로 인해 유발되는 생각과 감정이 뒤섞인다. 강박장애를 보이는 사람들이 침투사고에 대해 평가하는 것과 유사한 방식으로, 내담자들은 자신이 느끼는 감정을 느껴서는 안 된다고 믿을 수 있다. 이로 인해 그들은 자신의 감정을 지나치게 경계하고, 과도하게 자기에 초점을 맞추고, 자신이 왜 이렇게 수치스러운 감정을 느끼는지에 대해 반추하고, 타인과 이런 감정을 공유하는 것을 주저하게 된다. 감정을 '잘못된' '더러운' 혹은 '사악한' 것으로 받아들이는 일련의 부정적인 평가의 결과로, 내담자는 이러한 감정을 정상화하지 못하고 수용하지 못한다. 죄책감과 수치심에서 비롯하는 이러한 불안은 보편적인 경험으로서의 감정을 대처하는 데 어려움을 영속화할 뿐이다.

'더 어두운' 감정을 이해하기

정서도식치료자는 이러한 '더 어두운' 감정을 정상화하고 이해하면서 내담자가 이러한 부정적인 평가의 결과를 검토하도록 돕는다. 치료자는 특정 감정이 왜 '잘못된' 것인지 질문할 수 있다. 어떤 내담자들은 부러움이나 질투를 느끼는 것은 잘못된 것이라고 '배웠다.'고 주장하면서 때로는 감정을 느끼는 것에 대하여 종교적 징계를 언급하기도 한다. "네 이웃의 집을 탐하지 말고, 네 이웃의 아내를 탐하지 말며, 하인과 하녀, 황소, 당나귀 등 네 이웃의 것은 어떤 것이든 탐하지 말라."(출애굽기 20: 17) 다른 종교적 언급들 또한 감정이나 환상, 욕망은 부도덕하며 반드시 없애야 한다는 믿음을 강화하고, 수치심과 죄책감을 가중시킨다.

내담자들은 종종 어떤 감정을 인정하면서 사과를 한다. 한 남성은 자신을 제치고 승진한 동료에 대한 부러움과 분노 감정을 인정하면서 다음과 같이 말하였다. "나도 내가 이렇게 느끼면 안 된다는 것을 알지만 정말 샘이 나고, 그가 이혼했다는 말을 들었을 때에는 기분이 좋았어요." 사실 부러움은 '수치스러운' 감정이기 때문에 많은 사람은 자신의 비교 대상인 누군가가 성공하였을 때 그의 불행에 대해서 느낄 수 있는 적대적인 부러움[샤덴프로이데(schadenfreude): 타인의 불행이나 재난을 좋아하는 감정]을 공개적으로 인정하지는 않는다. 이와 비슷하게 어떤 내담자들은 자신의 성적 환상에 대해 걱정하는데, 그들은 종종 환상이나 충동은 없앨 필요가 있으며, 자신의 감정은 자신의 내면의 역겹고 비열한 성격 결함이 드러난 징후라고 믿는다.

수치심이나 죄책감은 종종 대부분의 정서도식과 관련된다. 앞서 언급했듯이, 수치심과 죄책감은 표현의 감소, 타당화 기회의 감소, 다른 사람들도 이런 감정을 공유한다는 것을 배울 기회의 감소, 수용의 감소, 그리고 반추의 증가를 가져온다. 게다가 수치심이나 죄책감은 지나친 자기초점화를 초래하기 때문에 (침투 사고를 억제하려는 시도에서처럼) 감정은 지속하고 통제하거나 제거할 수 없을 것이라는 느낌이 증가한다. 어떤 내담자들은 이런 감정을 느낄 만한 상황을 회피한다. 예를 들어, 다른 남자에게서 성적 매력을 느낄까 봐 두려워하는 한 젊은 남성 내담자는 (그는 전에 한 신부에게 성적 학대를 당했었다.) 그가 어떻게 매력적인 남자를 바라보는 것을 회피하였는지, 그리고 어떻게 과도하게 남성적이면서도 반동성애적인 태도를 취하곤 하였는지를 묘사하였다. 청소년 시절에 한 신부로부터 학대를 당한 경험을 제외하면 그의 성생활은 이성애적이었다. 치료자는 '유혹'에 대한 그의 두려움과 회피가 그의 성적 지향에 대한 의심을 유지하고 있으며, 자신을 흥분시킬지도 모르는 자극에 노출하는 것이 유용한 전략이 될 수 있다고 제안하였다. 많은 망설임 끝에 그는 남성과 여성의 나체 사진을 보는 것에 동의하였고, 자신이 여성에게 끌린다는 사실을 알고는 안도하였다. 그가 남성 사진을 보았을 때 불안한 각성이 나타났는데, 그는 이것을 자신의 성적 지향이라기보다는 수치심 때문으로 돌릴 수 있었다. 또 다른 유용한 기법은 사고 노출 기법이었는데, 이 기법에서는 그가 '나는 동성애자일 가능성이 있어.'라는 의심이 들 때 이 생각을 200번 반복하도록 하였다. 이러한 노출 기법은 그의 감정에 대한 두려움을 줄이는 데 도움이 되었다.

감정을 느낌 대 감정에 따라 행동함

수치심과 죄책감은 어떤 감정을 느끼는 것과 그 감정에 따라 행동하는 것의 차이를 검토하고, 그 감정을 보편화하며, 존경할 만한 사람들도 비슷한 감정을 느낀다는 것을 인식하고, '원치 않는' 감정을 삶의 다채로운 감정들이 어우러진 풍경화 속에 집어넣음으로써 줄어들 수 있다. 예를 들어, 감정과 행동의 차이는 사고-행위 융합의 개념과 유사한데, 이는 어떤 침투사고의 발생이 곧 그 생각과 일치하는 행위의 불가피한 발생과 동일시됨을 의미한다(Rachman & Shafran, 1999). 예를 들어, 내담자는 '내가 그 아이를 해칠지도 모른다.'라는 생각을 '내가 그 아이를 해칠 것'이라는 사실을 예측하는 것으로 이해한다. 내담자는 부러움, 분노 혹은 질투의 감정이 항상 행동으로 옮겨지는지 고려해 볼 수 있다. "감정을 느끼면서 그에 따라 행동하지 않는 것이 가능한가요? 이런 일이 언제 일어났는지 그 예를 떠올려 볼 수 있을까요?" 또 다른 기법은 유혹을 느끼는 것은 유혹에 따라 행동하는 것과 다르고, 도덕적 선택은 강한 유혹에도 불구하고 그에 따라 행동하지 않음을 반영한다는 것을 분명하게 확인하는 것이다. 예를 들어, 다음과 같은 말로 유혹 및 도덕적 선택의 특성을 예시할 수 있다. "지금 두 남자가 누구의 행동이 더 도덕성을 나타내는지 논쟁을 하고 있습니다. 첫 번째 남자는 몇몇 끌리는 여성을 만나기는 했지만 지난 5년간 아내에게 늘 충실했다고 주장합니다. 두 번째 남자는 지난 5년간 늘 충실했던 만큼 자신이 도덕적이라고 주장하면서 자신은 어떤 유혹도 느끼지 않으려고 외딴섬에서 혼자 살아왔다고 털어놓습니다. 당신은 누가 더 도덕적이라고 생각합니까?" 이 가설적인 예화는 당신이 다르게 행동할 선택권이 없다면 도덕적인 선택을 할 수 없다는 생각을 보여 준다. 따라서 유혹을 느끼지만 그 유혹에 따라 행동하지 않는 선택이야말로 그에게 더 큰 도덕성을 부여한다.

우리가 우리의 생각이나 감정이 아닌 행동에 책임이 있다는 것을 인식한다면 질투, 부러움, 혹은 복수심과 같은 감정을 느끼는 것에 수치심을 느낄 만한 도덕적 근거나 타당한 이유가 없음을 알게 된다. 오히려 그러한 감정들은 인간이라면 누구나 보편적으로 느끼는 경험으로서 우리는 그것에 대해 어떤 행동을 취할지 선택해야 한다. 자신의 감정에 대해 판단적이고 자기비판적으로 생각하는 것에 대한 대안은 자신이 실제로 자주 이런 감정을 느낀다는 것을 비판단적으로 인정하고 마음을 챙겨 수용하는 것이다. "당신은 때로 이런 감정을 느끼지만 그에 따라 행동하지 않음을 스스로 인정할 수 있습니다. 감정을 느낀다는 것은 당신이 잘못했다는 것이 아니라 당신이 살아 있다는 것을 의미합니다."

24

정서는 영원하지 않다

앞서 정서 예측에 관한 장에서 언급한 바와 같이, 자신의 미래의 정서나 현재의 정서가 무한히 지속할 것이라는 생각은 사람들이 지니는 공통적인 믿음의 하나다. 이것은 '지속성 효과'로 알려져 있으며, 어떤 부정적이거나 긍정적인 사건이 일어나면 그 감정 반응이 아주 오랜 시간 동안 지속할 것이라는 예측이 그 특징이다. 그러나 연구에 따르면 사람들은 종종 정서의 지속성을 과대평가하는데, 이는 아마도 사람들이 어려움에 대처하는 데 도움이 되는 요인들을 무시하고(면역 무시), 완화 요인은 보지 않은 채 한 가지 사건에만 초점을 맞추고(초점주의), 현재의 감정을 예측의 기초로 삼기(닻 내리기) 때문이다(Wilson & Gilbert, 2003). ('09 정서 예측' 참조) 이러한 사회인지적 평가와 예측은 자신의 감정이 영구적이거나 오랫동안 지속할 것이라는 인식을 뒷받침하며, 이는 부정적 감정에 대한 두려움과 절망감을 더한다.

우리의 감정이 우리를 잘못 인도하는 것이 왜 적응적인가

진화론적 시각에서 보면 인간 및 다른 동물들이 어떤 행동을 취하도록 동기화하기 위해서는 그들의 감정을 영속적이고 위협적인 것으로 경험하는 것이 더 적응적이라고 주장할 수 있다. 흥미롭게도 자신의 현재 감정에 기초하여 어떤 긍정적인 감정이 지속할 것이라고 보는 경향성은 상대적으로 적다. 일단 긍정적인 감정이 일어났을 때 그것을 증가시키려는 경향은 덜하다. 그러나 부정적인 감정은 그 감정을 줄이거나 제거하려는 시도를 활성화한다는 점에서 동기 부여 효과가 있다. 이것은 감정의 '덧없음', 즉 감정이 일시적이고 수명이 짧으며 때로는 저절로 해결되는 현실과 대비된다. 예를 들어, 나는 공황장애를 치료하기 위해 나를 찾아온 내담자들이 많음에도 불구하고 공황발작 상태로 치료실에 온 내담자는 본 적이 없다. 그러나 공황발작이 일어난 경우, 그들은 대부분 그 불안한 각성이 영원히 지속할 것이라고 믿는다. 만일 우리가 우리의 선조들이 강렬한 감정을 일시적이고 자기제한적인 것으로 경험하는 대안적인 과정을 상상해 본다면, 그들이 위험을 회피하거나 도피하려는 정서적 동기는 거의 남아있지 않을 것이다. 따라서 긴박한 응급조치가 필요할 만큼 생명이 위협받는 상황에서는 강렬한 경보가 더 효과적이다. 오경보에 대해 도피로 반응함으로써 더 나빠질 것은 많지 않지만, 실제 생명이 위협받는 사태에서 경보의 중요성을 간과하는 것은 치명적인 결과를 가져온다. 비록 수십 번의 호랑이 경보가 단 한 번만 정확하더라도 많은 오경보를 무시하는 것보다는 모든 경보로부터 도망가는 게 더 낫다.

불쾌한 감정이 무한히 지속할 것이라는 믿음은 정서에 대한 두려움과 회피하려는 경향성에 일조한다. 지속성 착각과는 달리 정서도식치료 모델은 모든 감정이 덧없고 쉽게 사라진다고 제안한다. 우리는 감정의 지속성 혹은 일시성을 검토하기 위하여 지속성에 대한 믿음의 결과들을 살펴보고, 행동적/정서적 실험을 계획하고, 과거의 감정에 대한 정보를 수집하고, 다른 사람들의 감정의 변동성을 관찰한다. 예를 들어, 지속성에 대한 믿음을 변화시키려는 동기를 부여하기 위하여 이러한 믿음의 손실과 이득을 검토해 볼 수 있다. 또한 슬픔이 영원하고 불변한다는 믿음은 절망감, 무력감, 새로운 행동 시도에 대한 저항, 수동성, 회피 그리고 더 깊은 슬픔을 더한다. 지속성에 대한 믿음은 이러한 믿음과 일치하는 행동을 가져오고, 이를 통해서 회피 전략을 사용하지 않으면 불쾌한 감정이 영원히 지속할 것이라는 생각을 다시금 확증한다. 말하자면 이것은 자기실현적 예언이 된다. 이것은 감정이 영원히 지속하지 않을 것임을 보장하는 유일한 방법은 가능한 한 빨리 도망치거나 피하는 것이라는 믿음을 강화한다. 치료자는 또한 지속성에 대한 믿음의 이점을 탐색할 수 있는데, 이를 통해서 내담자는 이러한 믿음이 종종 '감정을 변화시키려는 시도가 실망을 가져올 것이며, 에너지를 쏟는 것이 더 큰 슬픔을 가져올 것'이라는 현실적인 믿음과 연결될 수 있다는 것을

깨닫게 된다. '그러니 왜 자신을 속일 필요가 있겠는가?'

지속성에 대한 믿음의 손실과 이득을 검토한 후에 내담자는 주간 활동 계획표를 활용하여 일주일 동안 시간 단위로 감정과 그 강도를 추적하고, 자신의 감정을 사전에 예측한 후에 그 예측이 정확한지를 평가하고, 즐겁거나 도전적인 행동을 시도한 후 자신의 감정이 달라지는지 살펴보면서 다양한 정보를 수집할 수 있다. 이에 더하여 치료자는 내담자가 자신의 슬픔이 인지와 더불어 변화하는지, 그리고 이런 인지에 대한 도전이 효과적인지를 평가하도록 도울 수 있다. 이 모든 것은 표준적인 인지치료 기법이지만, 그 초점은 감정의 지속성에 있다. 부가적으로 지속성에 대한 과거의 예측을 평가할 수 있다. "당신의 부정적인 감정이 영원히 지속할 것이라는 생각을 한 적이 있나요? 그 감정은 변했나요? 무엇이 당신의 감정에 변화를 가져왔나요? 당신의 감정이 그렇게 변할 수 있는 것이라면 다른 사람들에게도 마찬가지 아닐까요?" 다른 사람들의 감정에 관한 정보를 수집하는 것 또한 도움이 될 수 있다. "당신이 아는 사람 중에 정서적 어려움을 겪다가 지금은 나아진 사람이 있나요? 무엇이 그의 호전을 가져왔나요? 그러한 사실은 당신이 지금 자신의 감정을 어떻게 바라보고 있는지와 어떤 관련이 있을까요?"

감정 범위의 확장

자신이 느끼는 감정의 범위를 확장하는 것은 지속성에 대한 관념에 도전하는 또 다른 기법이 될 수 있다. 예를 들어, 내담자가 한 주 동안에 느낄 법한 긍정적·중립적·부정적 감정의 범위를 열거하고 이러한 경험의 빈도와 강도를 스스로 관찰하여 기록할 수 있다면 그는 자신이 겪은 부정적인 감정을 광범위한 다른 감정들의 맥락에 놓을 수 있게 된다. 예를 들어, 이혼의 힘든 과정을 겪고 있는 한 남성은 자신의 슬픔과 분노에 초점을 맞추고, 자신은 저주를 받아서 무한히 이렇게 느낄 수밖에 없을 거라고 믿었다. 그러나 그는 한 주 동안 자신의 감정을 도표에 기록하면서 그가 친구들, 가족 및 자녀와 이야기를 나누는 동안에 흥미롭고 든든하고 행복하고 따뜻하고 온정적인 감정을 느꼈음을 깨달았다. 그는 또한 이혼한 다른 친구들을 '조사'하면서 자신의 현재의 감정에 대한 타당화를 받았을 뿐 아니라, 친구들도 각자 어려운 시기를 통과해서 결국은 의미 있는 새로운 관계로 이행했다는 것을 깨닫게 되었다. '영원한 것처럼 느껴지는 것은 당신이 그 순간에 실제로 느끼는 것이다.'라는 생각이 그를 새롭게 인도하는 관념이 되었다.

마음을 챙겨 어떤 감정을 알아차리고 관찰하고 허용할 때, 그 감정은 시간과 함께 지나간다는 것을 알 수 있게 된다. 예를 들어, 내담자가 분노 혹은 질투의 감정을 판단하지 않고 관찰할 수 있다면, 특히 "저는 지금 분노의 감정을 느끼고 있어요."라고 말할 수 있다면 이는 큰 도움이 될 수 있다. 이때 그 감정이 유동적인 경험임을 관찰할 수 있도록 하라. '마치 호흡처럼 감정은 들어왔다 나가는 것이다.' 호흡 명상을 활용하여 내담자가 관찰과 내려놓음을 연습하는 것은 도움이 될 수 있다.

25

악화와 통제

　'불쾌한 감정'이 견딜 수 없고 심각한 손상을 주는 정도로까지 더 높은 수준으로 악화할 것이라는 믿음은 슬픔, 분노, 불안 및 질투에 대한 일반적인 반응이다. 내담자들은 종종 강렬한 정서를 경험할 때 자신이 그것에 '사로잡힌' 것으로 경험하는데, 이때 그들은 그 감정의 강도와 고통이 되돌아올 수 없는 지점까지 고조할 것이라고 믿는다. 더욱이 그들은 이러한 악화가 완전한 통제 상실('나는 미쳐 버릴 거야.'), 신체적 위험('심장마비가 올 거야.') 혹은 영구적 장애('나는 제 구실을 못할 거야.')를 가져올 것으로 이해한다. 점증적인 악화에 대한 이러한 믿음 때문에 내담자는 강렬한 감정에 대해 공포로 반응하게 되고, 이러한 반응은 감정이 점점 더 심해질 것이라는 믿음을 강화한다. 감정을 즉시 감소시키려는 시도(예를 들면, 물질 의존, 자해, 폭식)는 일시적인 감정 완화를 가져올 수 있지만, 이러한 시도는 곧 감정을 없애는 데 실패하고 감정이 더 악화하는 결과로 이어진다.

예를 들어, 오염 공포가 있는 한 강박증 남성은 그의 아파트에 있는 물건들이 손목시계에서 나오는 방사선에 의해 오염되었다고 생각하여 그 물건들에 접촉하는 것을 꺼렸다. 내가 그에게 이 '오염된' 표면에 접촉한다면 무엇을 경험하게 될 것 같은지 질문했을 때, 그는 "너무 불안해서 참을 수 없을 거예요."라고 대답했다. 나는 "노출 실험을 마치고 10분 후에 당신은 어떻게 느낄 것 같은가요?"라고 물었다. 그는 "저는 아마도 완전히 미쳐서 그날은 아무것도 하지 못할 거예요. 그 일주일을 망칠 거예요."라고 대답했다. 나는 다시 "이런 일이 얼마나 자주 일어났나요?"라고 물었다. 그는 "저는 한 번도 그렇게 노출해 본 적이 없어요."라고 말했다. 이것은 그의 불안이 어떻게 악화하여 통제를 벗어나게 될지에 대한 분명한 예측인데, 우리가 앞서 '정서 예측'이라고 부른 것의 한 형태다. 나는 그에게 이 예측을 하나씩 적게 했고, 그를 점진적인 노출로 이끌었다. 그는 불안이 다룰 수 없는 수준으로 바로 악화하지 않는다는 것에 놀랐고, 노출 후에 기분이 더 나아지며, 노출에 더 참여하고 싶은 마음이 든다는 것을 깨닫게 되었다. 그는 다음 회기에 와서 불안이 악화하여 자신을 쇠약하게 만들 것이라는 예측과 달리 다음 날 직장에 출근하여 기분 좋은 하루를 보냈다고 회상하였다. 그는 덧붙이기를 그다음 며칠은 특히나 좋았는데, 그 이유는 불안이 일시적이라는 것을 깨달았기 때문이라고 하였다.

나는 내담자들에게 내가 만난 수많은 공황장애 내담자들 대부분은 공황발작이 일어나는 동안 자신의 공황발작이 무한히 지속할 것이라고 믿었지만 실제로 공황발작 상태로 치료실을 찾아온 내담자는 한 명도 없었다는 것을 지적하곤 한다. 나는 이러한 강렬한 감정조차도 스스로 가라앉는다는 것을 강조한다. 만일 내담자가 자신의 감정이 통제를 벗어난 불길 같다고 믿는다면 이러한 믿음에 뒤따라 그 감정에 대한 두려움을 느끼는 것은 당연하다. 당신은 가능하다면 즉시 불을 끄고 싶어 할 것이다. 응급사태를 빨리 해결해야 한다는 이러한 느낌은 자신의 감정을 두려워하는 내담자들에게 있어 한 가지 주요 요인이며, 이는 긴박감, 무력감 및 자기파괴적인 대처 방식으로 연결된다.

통제를 내려놓는 실험

그러나 감정이 통제를 벗어나 악화하는 게 아니라면 어떨까? 감정이 단지 일정 시간 동안만 불쾌하게 느껴지는 것이라면 어떨까? 경험적-인지적 실험을 통해서 감정 악화에 대한 이러한 믿음을 검증해 볼 수 있다. 강박장애 혹은 공황장애 사례를 예로 들자면, 치료자는 내담자에게 무슨 일이 일어날 것 같은지 구체적으로 적어 보도록 요청할 수 있다. 악화의 양상이 어떨 것 같은가? 더 이상 무엇을 할 수 없게 되겠는가? 이러한 장애가 얼마나 오래가겠는가? 이에 더하여 회고적인 보고가 도움이 될 수 있다. "당신의 감정이 통제를 벗어날 것이라고 얼마나 자주 생각했나요? 당신의 생각이 맞았나요?" 현재의 상황을 예시로 사용할 수 있다. "지금 당신은 완전히 기능을 상실한 상태인가요? 왜 그렇지 않죠? 당신을 완전히 파괴하고 말 것이라고 생각한 그 강렬한 감정에 무슨 일이 일어난 거죠?"

대처 전략들을 실행에 옮길 수도 있다. 예를 들어, 치료자는 다음과 같이 말할 수 있다. "술을 마시기보다는(혹은 자해를 시도하기보다는) 강렬한 감정이 일어날 때 마음챙김 명상을 실천해 봅시다." "당신이 서핑보드를 타고 있는 모습을 그려 봅시다. 당신은 감정의 파도를 타고 있습니다. 파도는 올라갔다가 다시 내려오고, 때로는 거세졌다가 다시 잠잠해집니다." "당신이 지금 발코니에 서서 전체 상황을 내려다보고 있다고 상상해 봅시다. 무슨 일이 일어나고 있는지 관찰하면서 영화 속 한 장면을 묘사하듯이 묘사해 보십시오." 내담자들은 또한 그들의 주의를 다른 행동이나 목표로 옮길 수 있다. "감정에 초점을 맞추기보다는 당신이 당장 참여할 수 있는 활동을 생각해 봅시다."(내담자들은 목욕, 뜨개질, 청소, 산책, 애완동물 쓰다듬기, 음악 듣기 등 주의를 전환할 수 있는 여러 활동을 생각해 볼 수 있다.)

정서도식치료 모델은 감정을 그 강도가 변하는 것으로, 새로운 경험과 해석에 따라서 세졌다 약해졌다 하는 것으로 이해할 수 있도록 돕는다. 온종일 감정의 세기와 성질을 관찰하고 이러한 감정 경험을 시간의 변화와 관련지어 이해할 때, 통제할 수 없고 점점 더 악화할 것만 같은 감정이 얼마든지 변화할 수 있다는 것을 알게 된다. 감정이 어떻게 파도와 같이 오르내림이 있는지를 반영하는 새로운 믿음을 제안할 수 있다. 이러한 '변조의 믿음'은 다음과 같은 믿음을 포함한다. '내가 지금 느끼는 것은 무엇이든지 오르내림이 있다.' '올라가는 것은 다시 내려온다.' '밀물이 있으면 반드시 썰물이 있다.' '나는 한걸음 뒤로 물러나서 이것이 스스로 가라앉는 것을 지켜볼 수 있다.' '내 감정은 결코 나를 파괴하지 않는다.'

치료자는 내담자가 감정을 통제할 필요성을 검토하도록 돕는데, 여기에는 종종 불쾌한 감정을 억제하거나 제거해야 한다는 믿음이 포함된다. 감정을 통제할 수 없다는 믿음은 감정이 악화하여 통제를 벗어날 것이라는 믿음과 관련된다. 치료자는 내담자에게 감정 억제 연습 혹은 감정의 완전한 제거를 요구하기보다는 얼마간의 통제를 보여 주기 위해 내담자가 할 수 있는 것이 있다고 제안할 수 있다. 앞서 언급했듯이, 이에는 통제하지 않은 채 어떤 감정을 관찰하고 알아차리는 마음챙김 명상, 감정에 따른 행동을 보류하기, 인지 재구성을 통해 정서 경험을 수정하기, 주의 분산, 문제 해결, 수용, 행동활성화, 목표를 수정하기 등이 포함된다. 치료자는 다음과 같이 제안할 수 있다. "당신은 예전에는 당신의 감정이 통제를 벗어나 위험한 수준으로까지 악화할 것이라고 믿었어요. 이제 당신은 어떤 감정을 견디고, 주의의 초점을 옮기고, 그 감정으로부터 한걸음 뒤로 물러나고, 위에서 그 감정을 내려다보고, 잠시 그 감정의 파도에 올라타고, 그 감정의 강도를 변화시킬 수 있는 어떤 것을 하기 위해서 당신이 할 수 있는 일이 있다는 것을 알게 될 거예요. 당신이 이러한 일들을 한다면 감정은 위험하며 통제할 수 없는 것이라는 당신의 관점을 바꿀 수 있게 될 거예요."

26

개인적인 권능 강화

많은 내담자는 불안, 슬픔, 분노 혹은 원치 않는 다른 감정 경험을 제거할 목적으로 치료실에 온다. 나는 이것이 마치 당신의 엉덩이로부터 도망치려고 애쓰는 것과 같다고 제안한다. 당신이 아무리 빨리 달려도 그것은 항상 당신과 함께 있다. 정서도식치료 모델은 불쾌한 감정을 제거하고 '세상사를 쉽게 만드는 것'을 치료 목표로 삼기보다는 목적을 위한 수단으로서 힘든 경험을 견디고 활용하는 것의 중요성을 강조한다. 정서도식치료는 불편을 감내하는 능력을 가치 있는 목표를 달성하기 위해 활용할 수 있는 도구로 이해한다.

치료자는 내담자가 얼마나 오랫동안 불쾌한 감정을 제거하려고 시도해 왔는지 질문하는 것으로 시작할 수 있다. "당신은 얼마나 자주 불쾌한 감정을 제거해야 한다고 생각했습니까? 그것은 성공적이었습니까?" 더 나아가 치료자는 '불편감은 때로 진보를 향한 체험적인 길이다.'라는 관념을 소개할 수 있다. "주치의가

당신에게 심장마비 확률을 줄이기 위해서는 체중을 7kg 감량할
필요가 있다고 말했다고 상상해 봅시다. 당신은 어떻게 하시겠
습니까?" 내담자는 다음과 같이 말할 것이다. "저는 운동을 더 하
고 음식을 덜 먹을 필요가 있어요." 치료자가 말을 잇는다. "그래
요. 이렇게 생각해 봅시다. 당신의 목표는 체중을 7kg 줄이는 거
예요. 저는 당신에게 이것을 달성하기 위해 당신이 무엇을 해야
하는지 물어보았고, 당신은 식사를 덜 하고 운동을 더 할 거라고
대답했어요. 저는 당신에게 '더 적게 먹고 더 운동하고 싶나요?'
라고 묻지 않았어요. 저는 당신이 기꺼이 그렇게 하겠는지를 물
어봤던 거예요. 어떤 것을 기꺼이 한다는 것은 당신이 가고 싶은
방향으로 당신을 데려다줄 수 있는 어떤 것을 하기로 선택한다
는 것을 의미해요. 따라서 당신은 당신이 하고 싶은 것과 당신이
기꺼이 하고자 하는 것을 구분해야만 해요." 치료자는 불편을 없
애는 것 대신에 미래의 목표를 이루기 위한 '선택'이라는 관념을
소개하였다. "이것이 바로 제가 개인적인 권능 강화라고 부르는
거예요. 말하자면 당신이 가치 있는 목표를 달성하려면 해야 하
는 것을 기꺼이 하려는 것이죠. 개인적인 권능 강화를 위해서 불
편감은 곧 하나의 투자이자 목적을 위한 수단이지요. 일단 당신
이 불편을 감내하는 능력을 활용할 수 있다면 당신은 스스로 가
치 있게 여기는 목표를 달성할 수 있을 거예요."

회복탄력제

내담자들은 종종 불편감을 없애 줄 마법의 약을 찾는다. 그러다가 결국 지구상에 이런 약이 존재하지 않는다는 것을 알고는 의기소침해진다. 만일 그들이 찾는 약이 실제로 존재한다면 불쾌한 경험을 제거할 수도 있을 텐데 말이다. 정서도식치료 모델은 다른 종류의 비유를 제시한다. "만일 당신이 삶을 개선하기 위해 해야 할 필요가 있는 어떤 불쾌한 것(가령, 운동, 식단 조절, 노동, 자기수련)을 할 수 있도록 해 주는 약이 있다면 어떨까요? 이 약은 당신이 하고 싶지 않은 어떤 것을 할 수 있게 해 주기 때문에 당신은 진정 원하는 것을 얻을 수 있습니다. 이것을 회복탄력제라고 부릅시다. 당신은 여전히 어떤 불편을 경험하겠지만 당신이 해야 할 필요가 있는 힘든 일을 할 수 있게 될 거예요. 이 약을 드시겠습니까?"

회복탄력제는 '불쾌한 경험'과 '가치 있는 목표'를 대비시킨다. 내담자는 '불편 기피자'가 되기보다는 가치 있는 목표를 달성하기 위하여 기꺼이 불편을 견디고 투자하는 사람이 되도록 요청된다. 따라서 정서도식치료자는 '개인적 권능 강화' 혹은 '회복탄력성', 즉 의미 있는 삶의 일부로서 가치 지향적 행동을 추구함에 있어서 도전적이고 힘든 행동에 전념하는 과정에 수반하는 불편을 겪어 낼 수 있는 능력을 격려한다. 다음의 세 가지 개념이 이것의 기초를 이룬다. 건설적인 불편(앞으로 나아감에 있어서 불편을

활용할 수 있음), **성공적인 불완전**(나날이 더 나아지기 위하여 매일 무
언가를 불완전하게 할 수 있음) 그리고 **장애를 극복한 자부심**(나의 자
존감이 정당한 근거를 가질 수 있도록 내가 극복해 낼 장애물을 찾음)
이 그것이다. 이러한 세 개념의 핵심 요지는 온전히 경험하는 삶
에 반드시 수반되는 힘든 일들을 할 수 있다는 것이다.

건설적인 불편

건설적인 불편은 건설적이고 생산적인 방식으로 불편을 감내
할 수 있다는 관념을 가리킨다. 이것의 한 예로 운동을 들 수 있
다. 운동은 종종 불편하고 불쾌한 것일 수 있지만 건강한 신체라
는 미래의 자기에 대한 투자로 볼 수 있다. 건설적인 불편을 추구
하는 능력을 개발하는 데 초점을 맞춤으로써 치료자는 '불편함을
제거하는 것'에서 '불편을 견디고 활용하는 것'으로 초점을 옮긴
다. 불편함이 내담자를 올바른 방향으로 이끌었던 경험을 추적
하여 기록해 보도록 하는 과제를 줄 수도 있다. 여기에는 노출 연
습, 미루지 않는 연습, 자기주장, 혹은 다른 '불쾌한 경험'이 포함
된다. 이러한 '실험'에 간단한 '주문'을 활용할 수 있다. '나는 힘든
일을 하는 사람이다.' 이것은 '나는 불편을 제거하고 싶어 하는
사람이다.'와 대비될 수 있다. 이러한 건설적인 불편 식의 접근은
노출, 행동활성화 및 가치 있는 삶에의 전념을 강화한다.

성공적인 불완전

　개인적인 권능 강화의 두 번째 요소는 성공적인 불완전이라는 관념이다. 행동을 높은 표준에 도달하는 것(이는 종종 자기비판을 초래한다)의 관점에서 바라보기보다는 행동 조형에서처럼 점진적으로 앞으로 나아가는 것에 초점을 둔다. '어떤 일을 완벽하지 않게 하면서도 목표를 향해 나아가는 것이 더 성공적일 수 있다.' 때로 실패하고 좌절하고 '딱 맞지 않는' 일을 하는 것이 '경기장을 향해 가는 정상적인 과정'일 수 있다. 완벽하지 않은 경험과 좌절을 통과한 존경하는 인물의 예를 상기함으로써 내담자에게 이러한 방식을 격려할 수 있다. 이러한 개념은 완벽이 아닌 진전에 초점을 맞춘다.

장애를 극복한 자부심

　개인적인 권능 강화의 세 번째 요소는 장애를 극복한 자부심이다. 이 개념은 자존감은 편안함을 느끼는 데에서가 아니라 어려움을 극복하는 데에서 얻을 수 있다고 제안한다. '자부심의 역사'가 이를 보여 준다. "당신의 삶에서 자랑스럽게 느낀 일들을 열거해 봅시다. 이에는 당신이 한 일에 대해 좋게 느낀 것, 옳은 일을 했다고 느낀 것, 당신에게 의미 있는 것에 따라 행동했다고 느낀 것들이 포함될 수 있습니다." 내담자들은 종종 어떤 기술을 배운 것(악기, 언어, 춤, 운동), 훈련 목표를 달성한 것(교육, 직업 훈련), 좋은 친구 혹은 가족 성원이 된 것(아이들과 부모님을 돌보는 것), 가치와 연결된 또 다른 성취 등의 예를 꺼낸다. "이 중에 어떤 것들이 힘든 과정을 포함하였나요?" 내담자는 그의 자부심이 그 행동에 부여한 가치 및 그가 극복해야 했던 장애물의 결과였다고 회고할 것이다. 이때 치료자는 다음과 같이 제안할 수 있다. "우리는 힘든 일을 통해 장애물을 극복함으로써 우리의 회복탄력성, 강화된 권능 및 자존감을 구축할 수 있습니다. 과거에 대한 당신의 자부심은 편안함이 아니라 가치 및 고난과 연관되는 것입니다."

27

양가감정과 복잡한 감정 견디기

정서도식치료 모델은 인간이 경험할 수 있는 다양한 감정을 변별하고 그 범위를 확장해 가는 것을 격려한다. 어떤 사람들은 감정의 다양함 및 풍부함과 대조적으로 '한 가지 감정'만을 느껴야 한다고 믿는다. 유인성이 단일한(univalent) 감정을 강조하면 종종 반추하고 결정을 잘 내리지 못하며 자기를 의심하고 관계의 복잡성을 용인하기 어려워하는 결과가 나타날 수 있다. 다양한 범위의 감정을 수용하는 포괄주의 원칙에 따라 정서도식치료자는 양가감정을 정서 경험의 풍부함과 삶의 다양한 측면을 더 잘 알아차린 결과로 재구성한다. 예를 들어, 정서도식치료자는 '나는 왜 사랑하는 사람에게 복잡한 감정을 느끼는 걸까?'와 같은 반추를 격려하기보다는 양가감정을 어떤 관계이든 복잡함을 포함한다는 현실을 반영하는 것으로 정상화한다. 이에 덧붙여 정서도식치료 모델은 양가감정을 행동을 취하지 않는 하나의 이유로 보기보다는 의사 결정의 기저에 있는 현실적인 평가로 이해한다. 양가감정이 없다면 결국 어떤 결정도 없을 것이다.

의사 결정과 정서도식

의사 결정 과정에는 정서도식이 개입되지 않을 수 없는데, 왜냐하면 결정을 내릴 때 그 목표 중 하나는 결과와 연결된 감정을 경험하는 것이기 때문이다. 합리적 선택은 미래의 효용성, 그리고 대안적인 결과의 손실 및 가능성에 초점을 맞추어야 한다. 의사 결정자들은 어떤 결과를 수용 가능한 것으로 보는가의 관점이 서로 다르다. 어떤 사람들은 손실이 전혀 없거나 거의 없이 100% 긍정적인 결과를 얻는 것을 목표로 하는 '최대화' 전략을 지지한다. 이와 반대로 어떤 의사 결정자들은 얼마간의 손실, 불확실성, 어려움을 예상하고 덜 완벽한 결과를 기꺼이 수용하려는 '만족하는' 전략을 따른다(Simon, 1972). 최대화 추구자(maximizer)와 만족 추구자(satisfier)의 개념은 Herbert Simon(1955, 1956, 1978)에 의해 처음 소개되었는데, 그는 불확실성하에서의 결정이 서로 다른 개인적인 만족 양식을 불러낸다고 제안하였다. 만족 추구자는 기꺼이 그 정도면 괜찮다고 말하지만, 최대화 추구자는 더 많은 것을 요구한다.

정서도식 모델에서 볼 때, 최대화 추구자는 정서적 완벽주의의 목표를 향해 달려가는 사람이다. 이러한 의사 결정 양식과 관련한 연구 결과에 따르면, 최대화 추구자는 더 우유부단하고, 의

사 결정을 회피하고, 자신의 선택에 덜 행복해하고, 더 우울하고, 의사 결정 시 타인에게 더 의존하고, 더 후회하는 경향을 보인다(Schwartz et al., 2002; Iyengar et al., 2006; Parker et al., 2007). 최대화 추구자는 다양한 방향으로 비교하기보다는 상향 비교하는 경향이 더 많고, 그렇게 함으로써 더 불만족스러워한다. 그는 종종 실제 결과에 동반하는 후회의 결과로 우울한 기분을 느끼게 되는데, 왜냐하면 그는 실제 결과를 이상적인 결과와 비교하지만 실제 결과는 종종 원하는 목표에 미달하기 때문이다. 최대화 추구자가 이상적인 결과를 추구하는 데에는 기저의 정서적 완벽주의와 양가감정을 수용하지 못하는 성향이 중요한 역할을 하는데, 더 많은 정보를 수집함으로써 불확실성을 없애려는 시도는 의사 결정을 지연시킨다. 최대화 추구자는 어느 한쪽의 대안을 선택하는 것을 미루는데, 그는 선택하지 못함으로써 발생하는 '기회 비용'을 무시할지 모른다. 그는 이상적인 대안을 찾는 데 드는 '탐색 비용'을 무시하고, 자신이 이미 가지고 있는 것 혹은 선택하여 추구할 수 있는 것을 즐길 기회를 놓친다.

양가감정에 대한 믿음

양가감정을 견디는 데 어려움이 있는 내담자들은 종종 복합적인 감정에 대해 부정적인 자동적 사고를 표현한다. 다음에서 양가감정의 기저에 있는 **공통적인 믿음**을 살펴보자.

이분법적 사고: '그것은 완전히 좋거나 완전히 나쁘다.' 예를 들어, 그들이 맺는 관계는 훌륭하든지 아니면 끔찍하든지 둘 중 하나이지 긍정적, 부정적 및 중립적 경험이 적절히 배합된 것이 아니다. 이분법적 사고는 '단일한' 감정에 대한 요구의 근저에 있는 사고방식이다. '나는 기분이 정말 좋거나 정말 나쁘다.' 이것은 감정을 연속선상에 위치하는 것, 혹은 항상 유동하는 것으로 보는 것과 다르다.

명명하기: '이것은 받아들일 수 없는 대안 혹은 나쁜 선택이다.' 양가감정을 감내하지 못하는 사람은 어떤 사건을 좋고 나쁨의 비율로 판단하거나 그 판단을 개인의 선호로 이해하지 않고, 그 사건을 좋은 것 혹은 나쁜 것 중 하나로 명명한다. 예를 들어, 우리는 신차를 구매할 때 좋은 차 혹은 나쁜 차로 명명하지 않고 연비는 좋고 승차감은 좋지 않은 것으로 판단할 수 있으며, 연비가 좋지 않고 가격이 비싸고 승차감이 좋은 차를 선택하는 것을 한 개인의 선호로 이해할 수 있다.

긍정적인 면 무시하기: '그런 긍정적인 면들은 그렇게 중요하지 않아.' 어떤 한 가지 대안의 긍정적인 면들을 무시하는 경향은 최대치를 요구하는 사람들의 전형적인 모습인데, 한 가지 대안에 대해 부정적인 면을 발견하면 긍정적인 면은 사소하고 하찮고 부적절한 것으로 여긴다. 예를 들어, 결혼 언약을 할지 말지 고민하는 한 남자는 여자친구의 긍정적인 자질 (총명함, 따뜻함, 연민, 대인관계 능력, 가치관)이 마치 누구에게나 있는 당연한 자질인 양 그것을 무시하곤 하였다.

부정적 여과: '주로 부정적인 측면에 초점을 맞추기.' 어떤 사람은 여자친구의 다른 모든 정보를 배제하고 그녀의 부정적인 자질에만 초점을 맞춘다. 그는 그녀의 긍정적인 자질은 무시하고 부정적인 것에만 주의를 기울이고 기억하고 강조함으로써 그녀에 대한 양가감정을 수용하지 못한다. 더욱이 그는 그녀와 헤어지는 대안을 고려할 때에도 혼자 있는 것의 부정적인 결과에만 특별히 초점을 맞춘다. 그는 그녀의 부정적인 측면에만 초점을 맞추어 그녀와 헤어질 것을 고려하면서 역설적이게도 그녀와 헤어졌을 때의 부정적인 결과만을 고려하여 헤어지기 어려워하고 있다.

점성술식 예언: '이것은 나쁜 결과를 가져올 것이다.' 개인은 어떤 선택이 좋고 나쁨이 섞인 다양한 결과가 아니라 부정적인 결과를 가져올 것이라고 지각한다. 양가감정을 수용하지 못함으로 인해 의사 결정에 어려움이 있는 사람은 특히 현재 상황을 변화시키려는 결정을 앞두고 그 의사 결정이 끔찍한 결과를 가져올 것으로 예상한다. 이런 형태의 정서 예측(결과에 따른 부정적인 감정을 예측함)은 종종 나타날 수 있는 완화 요인 혹은 대처 전략을 간과한다.

정서적 추론: '내가 양가감정을 느끼는 것을 보면 이것은 나쁜 선택임이 틀림없다.' 개인은 자신의 양가감정을 그 선택이 만족스럽지 않은 증거로 채택한다. 그리고 자신의 감정이 완전히 한 가지로 단일화되어 결정을 내릴 수 있는 '준비'가

되었다고 느낄 때까지 기다린다.

당위론적 사고: '나는 이 선택에 완전히 만족해야 한다.' 혹은 '나
는 양가감정을 느껴서는 안 된다.' 양가감정은 나쁘고, 제거
되어야 하며, 무슨 일이 있어도 피해야 하고, 우리는 양가
감정을 느끼면서 행동할 수는 없다는 믿음의 기저에는 이
러한 '해야 한다.' 식의 사고 혹은 정서적 완벽주의에 대한
요구가 있다.

정서도식치료자는 우선 양가감정을 수용하지 못함에 주목하
고, 양가감정의 기저에 있는 가정 및 자동적 사고를 검토하고,
양가감정을 수용하는 것의 득실을 평가함으로써 내담자가 의사
결정 및 양가감정에 대처하는 것을 도와줄 수 있다. 이에 더하
여 내담자는 가족과 친구 관계, 일과 학업, 주거지, 그리고 정치
적·종교적 믿음과 같이 자신이 살아가면서 양가감정을 수용하
고 있는 현재 삶의 많은 경우를 생각해 볼 수 있다. 결정을 내리
지 못함으로써 발생하는 기회 비용, 결정하기 전후에 반추하는
데 드는 비용, 최선의 대안을 모색하느라 추가된 '탐색 비용'의
측면에서도 우유부단함의 득실을 검토할 수 있다. 치료자는 한
가지 대안이 다른 대안에 비해 단지 미미한 장점이 더 있을 수
있고, 선택하지 않은 것도 하나의 선택이며, 누구도 완벽한 대안
을 가지고 있지 않다는 것을 보여 줄 수 있다. 가진 것을 최대한
활용하는 것은 최대화 전략에 대한 대안적인 전략이 될 수 있다.
치료자는 양가감정을 부정적으로만 볼 것이 아니라, 무언가를

선택한다는 것은 좋고 나쁨의 상호 절충의 현실을 받아들이는 것이라고 제안할 수 있다. 따라서 어떤 대안도 각각 장단점이 있으며, 이러한 현실은 어떤 선택의 가치도 부정하지 않는다. 위험으로부터 자유로운 대안(불행하게도 이는 지구상에 존재하지 않는다)을 추구하는 위험 혐오의 기저에는 이처럼 양가감정에 대한 인내력 부족이 자리한다. 치료자는 그것이 0 대 100의 선택이 아니라 위험 대 위험의 선택이라고 제안할 수 있다.

28

정서를 가치에 연결하기

힘든 감정은 종종 내담자가 추구하는 가치와 관련이 있다. 예를 들어, 질투는 헌신, 애착, 정직 및 친밀감의 가치와 연결될 수 있다. 불안은 일에서의 유능성 혹은 의사소통에서의 효능감의 가치와 연결될 수 있다. 분노는 존중과 공정성의 가치와 연결되고, 외로움은 연대감의 가치와 연결될 수 있다. 치료자는 피할 수 없는 실망(그리고 환멸)을 수용하면서도 동시에 이와 연결된 친밀감, 연대감, 공정성, 진실성의 가치를 탐색하고 또한 긍정할 수 있다. 이러한 가치들을 포기하는 대신에 치료자는 이러한 가치에 따라 살지 않을 수도 있는 유연한 삶의 필요성을 인정하면서 이러한 가치의 중요성을 긍정할 수 있다.

한 여성이 남편이 집을 떠난 후 자신의 가정 생활은 끝났다고 여기며 슬픔에 빠져 치료실을 찾아왔다. 그녀는 치료 도중 운 것에 대해 사과하며 다음과 같이 말하였다. "저는 좀처럼 울지 않아요. 잠시 제가 자제력을 잃었음이 틀림없어요." 치료자가 이혼에 대해 가장 가슴 아픈 것이 무엇인지 물었을 때, 그녀는 이렇게 대답하였다. "저는 가족과 함께 보낸 휴가가 그리울 거예요. 크리스마스트리를 장식하고, 선물을 주고, 가족으로 함께 있는 것 말이에요." 치료자는 그녀의 슬픔을 가족, 함께함, 사랑과 기억을 공유함 및 관계의 연속성과 관련한 그녀의 가치와 연결하였다. "그것들은 당신에게 중요한 가치예요. 저는 당신이 느끼는 상실감, 환멸, 그리고 외로움이 그러한 가치들의 대가라는 것을 알게 되었어요. 하지만 그것들은 여전히 당신이 당신의 딸 및 다른 소중한 사람들과 함께 나눌 수 있는 가치예요." 그녀는 대답하였다. "그렇지만 저는 왜 이렇게 가슴이 아픈지 모르겠어요." 치료자는 다음과 같이 말하였다. "지금 당신의 심장이 아파요. 그건 당신에게 심장이 있기 때문이죠. 그것이 당신에게 중요한 만큼 당신은 그걸 느낄 수 있는 거예요. 그것은 바로 당신이 그런 사람이라는 것을 말해 주는 거예요."

목적 있는 고통

고통은 종종 목적이 있는데, 그것은 현재 순간에 놓치고 있는 것이 무엇인지를 알려 준다. 내담자를 위한 질문은 그가 가치를 두는 더 큰 의미 혹은 목적이 무엇인가 하는 것이다. 그는 연결감의 상실, 무능감, 혹은 배신감을 느끼는가? 각각의 경우에 반영된 가치는 연결 및 헌신, 성실성, 정직성이다. 사람은 친밀한 관계를 상실하고 슬픔과 외로움을 경험할 수 있지만, 이것이 관계 및 연결이 더 이상 중요하지 않다는 것을 의미하지는 않는다. 당신은 어떤 관계를 상실할 수는 있지만, 관계의 가치를 상실할 수는 없다. 당신은 어떤 일에 실패하고 실망과 슬픔을 느낄 수는 있지만, 그 실패가 곧 당신이 유능감 및 자기계발의 추구를 포기했다는 것을 의미하지는 않는다.

고통을 느낄 가치가 있는 삶을 사는 것

슬픔 아래 놓인 가치를 밝히는 것은 때로 위로의 효과가 있다. 한 해 전에 오랜 질병으로 아들을 잃은 한 여성이 나에게 말했다. "일 년이 지났는데 저는 도무지 상실감을 극복할 수 없어요. 저는 준비가 되었다고 생각했지만 그렇지 못한 것 같아요." '극복한다.'는 생각은 사람들이 갖는 상식적인 믿음인데, 이는 고통을 왔다가 가는 것으로 받아들이는 것과 대비된다. 나는 다음과 같이 대답하였다. "저는 당신이 당신의 아들을 얼마나 사랑했는지 알아요. 그래서 저는 당신이 그것을 절대 극복하지 않길 바란다고 말하고 싶어요. 제가 의미하는 바는 그가 당신에게 얼마나 소중한지, 당신이 그를 얼마나 사랑하는지, 앞으로도 늘 얼마나 사랑할지를 당신이 항상 기억할 수 있기를 바란다는 것이고, 당신은 그 상실을 담을 만큼 충분히 큰 삶을 만들어 갈 거라는 거예요. 그리고 그를 잃은 슬픈 기억의 이면에는 당신의 삶에서 그를 만난 기쁨과 위로가 있을 거예요. 삶의 목표는 고통을 완전히 피하는 것이 아니에요. 고통은 불가피할지 몰라요. 그건 바로 고통을 느낄 가치가 있는 삶을 사는 거예요. 비록 짧은 기간이었지만 당신 삶에서 아들이 있었다는 것은 그를 잃을 때 당신이 느꼈던 고통의 가치가 있다는 거예요." 여기서 확인되는 가치는 특별한 누군가를 사랑하는 가치다. 그 메시지는 모든 사랑은 상실과 슬픔의 위험을 내포한다는 것이다. 이것이 사랑의 진실이다.

내담자의 가치를 밝히는 데 여러 가지 기법을 활용할 수 있다. **고통을 느낄 가치가 있는 삶을 사는 것**이라는 첫 번째 기법은 고통, 상실, 심지어 환멸이 애착, 사랑 및 타인과의 연결이라는 가치의 불가피한 결과일 수 있다는 것을 인식한다. 그 고통과 상실은 그가 무엇에 가치를 두고 있는지를 알려 주고, 이러한 가치는 고통의 수용을 허용한다.

더 높은 의미의 사다리를 오르는 것

두 번째 기법, **더 높은 의미의 사다리를 오르는 것**은 벡의 치료 기법의 하나인 하향식 화살표 기법의 대안이다. 하향식 화살표 기법에서는 고통을 주는 사건에서 시작하여 치료자는 핵심 도식이나 믿음에 도달할 때까지 "그래서 그것은 당신에게 어떤 의미가 있나요?"라는 질문을 계속한다. 예를 들어, 이러한 질문을 통해 다음과 같은 대답이 이어질 것이다. "애인이 나를 떠난다면 그것은 내가 혼자가 된다는 걸 의미해요. 혼자가 된다면 나는 불행할 거예요. 연인 없이 혼자서는 행복할 수 없으니까 나는 불행할 거예요." 더 높은 사다리 기법은 '연인이 떠난다.'는 똑같은 사건으로 시작하지만, 더 높은 가치로 '올라간다'. "연인과 헤어지면 저는 슬플 거예요. 연인이 있다는 게 제게는 중요하기 때문이에요. 연인이 있다는 게 중요한 건 제 삶을 공유하는 것을 좋아하기 때문이에요. 제 삶을 공유하는 것을 좋아하는 건 제가 사랑을 소중히 여기는 사람이기 때문이에요." 내담자는 더 높은 의미의 사다리를 오르면서 자신이 '사랑을 소중히 여기는 사람'이라는 긍정적 도식을 확인하고, 사랑하는 사람으로 살기 위한 길을 모색한다. 예를 들어, 한 여성은 수년 전 남편을 여읜 후 슬픔에 빠졌다. 사랑하는 사람으로 사는 것에 다시 초점을 맞춤으로써 그녀는 이러한 가치가 자녀와 친구들을 사랑하고 애완동물을 키우면서 긍정될 수 있음을 깨닫게 되었다.

이 모든 것을 없애는 것

가치를 드러낼 수 있는 또 다른 기법은 이 모든 것을 없애는 것이다. 치료자는 내담자에게 그의 건강, 감각, 재산, 가족을 포함하여 그가 가진 모든 것을 잃었다고 상상해 보도록 요청한다. 그가 그중 어느 하나라도 돌려받을 수 있는 유일한 방법은 그가 그것을 진심으로 좋아하고 아낀다는 것을 마음으로 확인하는 것이다. 예를 들어, 한 남성은 자신의 업무 실적이 빈약하여 회사에서 '지위'를 잃게 될까 봐 늘 걱정하였다. 나는 그에게 잠시 걱정을 제쳐 놓고, 지금 그가 가진 모든 것을 빼앗겼다고 상상하고, 또한 되찾을 수 있든 없든 그것을 한 번에 하나씩 떠올리며 그가 그것을 진심으로 아끼는지를 마음으로 확인해 보도록 요청하였다. 그는 갑자기 말문을 닫았고, 그의 아내와 자녀의 가치, 그리고 그들이 그에게 무엇을 의미하는지에 대해 숙고하기 시작하였다. 그는 2주 후에 훨씬 더 나아진 기분으로 돌아와서 다음과 같이 말하였다. "얼마 전 제가 몇 달간 못 본 이웃 한 분을 만났어요. 그녀는 '남편이 지난달에 죽어서 그동안 별로 밖에 나가 본 적이 없다.'고 말했어요." 이 일로 인해 그는 자신이 실제로 가지고 있는 것과 그가 직장에 대해 걱정하느라 주의를 두지 않았던 것이 무엇인지를 알아차리게 되었다.

멋진 인생!

마지막으로 가치를 드러낼 수 있는 또 다른 기법은 멋진 인생인데, 이 기법에서 치료자는 내담자에게 그가 존재하지 않았다면 다른 사람들의 삶이 어떠했을지 상상해 보도록 요청한다. 제임스 스튜어트가 파산에 직면한 은행에서 일하는 의기소침한 은행원으로 나오는 고전 영화를 바탕으로, 내담자는 자신이 영향을 준 모든 사람의 삶에 대해 생각해 보도록 요청된다. 예를 들어,

한 내담자는 오랫동안 질병으로 누워 계셔서 자신이 보살펴야 했던 엄마에게 자신의 삶은 어떤 의미일까를 숙고하였고, 그녀의 내담자들에게 자신의 삶은 어떤 의미이고(그녀는 심리치료자였다), 아이들과 남편에게는 어떤 의미일까를 되돌아보았다. 더나아가 그녀는 친구들, 심지어 그녀의 강아지에게 자신이 어떤 의미가 있을지를 숙고하였다. 자신의 삶이 과거와 현재에 그렇게 많은 사람에게 의미가 있음을 깨달았을 때, 그녀는 미래에 느끼게 될 의미에 연결되어 있음을 느끼기 시작했다. 이렇게 자신의 가치(타인에게 의미 있는 존재가 되는 것)를 명료화함으로써 그녀는 최근의 우울증을 극복하는 데 필요한 삶의 목적을 다시 찾을 수 있었다.

29

대인관계 정서도식

앞서 언급한 바와 같이, 정서도식치료 모델은 우리가 우리 자신의 감정과 타인의 감정에 대해 암묵적인 이론을 가지고 있다고 제안하는 사회인지 모델이다. 정서도식치료 모델은 다른 사람들에 대한 내담자의 정서지능으로 확장될 수 있다. 예를 들어 아내가 화가 났을 때, 내담자는 그녀는 이런 감정을 느껴서는 안 되고, 그녀의 감정이 통제를 벗어나 영원히 지속할 것이고, 그녀는 항상 이성적이어야 하고, 아내 외의 다른 사람들은 이런 감정을 느끼지 않을 것이라고 믿는가? 이러한 믿음의 결과는 무엇인가? 치료자는 내담자가 배우자(혹은 다른 사람들)의 감정을 어떻게 생각하고 그것에 어떻게 반응하는지에 대해 질문할 수 있다. 예를 들어, 내담자가 자신의 아내가 불안을 느껴서는 안 된다고 믿는다면 이러한 믿음은 그들의 관계에 어떤 영향을 미칠까? 이러한 믿음으로 인해 내담자는 그 감정에 대해 아내를 비난하거나, 그것을 타당화하지 않거나, 아내에게 잘난 척하며 경멸하는 태도로 행동하지는 않는가?

합리성과 공정성에 대한 믿음의 문제

어떤 내담자들은 그들의 배우자가 항상 합리적이어야 한다고 믿는다. "저는 그녀가 그렇게 말했다는 것을 믿을 수 없어요. 그건 너무 불합리하고 부당해요." 배우자의 분노와 불안이 결코 비합리적이고 불공평한 믿음에 기초해서는 안 된다는 생각 자체가 비합리적이다. 치료자는 배우자가 항상 합리적이고 공평해야 한다는 믿음이 어떤 결과를 가져오는지에 대해서 질문할 수 있다. 한 내담자는 아내가 자신을 존중하고 사랑한다는 것을 알지만, 그녀가 화를 내며 그를 비난할 때만큼은 비합리적이고 불공평한 것에 대해 도저히 참을 수 없다고 말하였다. 치료자는 질문하였다. "왜죠? 그녀가 화가 났을 때조차 왜 공정하고 합리적이어야 하지요?" 내담자는 당황스러워 보였지만 또한 어떤 통찰력을 보여 주었다. 그는 자신에게 '내가 그녀를 사랑하고 존중하는 만큼 그녀가 내게 화를 낸다면 그것은 공정하지 않아. 그리고 내가 공정하고 이성적인 만큼 그녀도 항상 그래야만 해.'라는 믿음이 있다는 것을 관찰하였다. 이런 형태의 정서적 완벽주의로 말미암아 그들의 논쟁은 더 격화되었고, 그의 반추는 '그녀가 어떻게 나를 이런 식으로 대할 수 있지?'라는 생각을 중심으로 며칠 동안 지속하였다.

관계의 방

관계의 방 비유는 어떤 관계에서 힘든 감정을 정상화하는 데 유용하다. "여러 가지 물건이 놓여 있는 넓은 방을 상상해 봅시다. 각각의 물건은 당신과 당신의 배우자가 함께 공유하는 감정, 경험, 기억, 가능성이에요. 이들 중에 어떤 것은 유쾌한 물건, 어떤 것은 불쾌한 물건, 또 어떤 것은 중립적인 물건이에요. 자, 이제 당신은 이 커다란 방에서 어떤 불쾌한 감정을 위한 공간을 만들 거예요. 원한다면 당신은 그것을 저쪽 의자 위에 놓을 수 있어요. 하지만 그것은 거기에 있을 거예요. 우리는 이 방이 이러한 모든 경험과 감정을 수용할 만큼 충분히 큰 것으로 생각할 거예요." 정서적 수용을 이렇게 확장하는 것은 종종 다른 사람들이 보이는 힘든 감정을 견디는 데 유익한 효과가 있다. 내담자는 타인의 힘든 감정을 위한 공간을 만드는 것의 손실과 이득을 탐색할 수 있다.

내담자(남편)는 아내의 감정을 통제하거나, 그녀가 그런 식으로 느끼는 것을 멈추게 하거나, 그녀에게 모욕을 주거나, 그녀의 경험을 최소화하거나, 그녀의 말을 듣지 않아야 한다고 믿는가? 예를 들어, 어떤 내담자는 아내의 기분이 곧바로 나아져야만 한다고 믿고 그녀에게 문제 해결 방식을 제안하는데, 그녀가 그 해결책을 거절함으로써 그의 좌절감은 더 커진다. "아내가 원하는 건 자신이 어떻게 느끼는지 말하는 건데, 나는 그녀가 왜 그냥 내 말을 듣고 문제를 해결하지 못하는지 도무지 이해할 수 없어요. 이것이 내가 할 수 있는 최선이에요." 이것은 종종 여성들에게 '맨스플레인'(mansplain, 남성이 대체로 여성에게 자신이 더 우위에 있는 듯이 가르치고 설명하려는 것)으로 경험된다. 이것은 아내의 감정에 대해 잘난 체하고 심지어 경멸하는 접근이다. 물론 아내의 기분이 나아지도록 도우려는 남편의 의도는 긍정적일지 모른다. 하지만 거의 반사적으로 제시되는 문제 해결 방식은 타당화하지 않고 잘난 체하고 심지어 통제하는 것으로 경험된다. (물론 남편도 아내가 제시하는 문제 해결 방식이 자신의 감정을 타당화하지 않는 것으로 경험할 수 있다) 치료자는 내담자에게 묻는다. "이러한 상호작용에서 아내는 당신에게서 무엇을 원했을 것으로 생각하나요?" 이러한 질문은 "당신은 무슨 일이 일어나기를 원했나요?"와 대비된다. 종종 문제 해결을 제시하는 남편은 아내가 이런 식으로 느끼는 것을 멈추기 원했다. 그러나 그것은 불쾌한 감정을 느낀 아내의 목표가 아니었다. 그녀는 자신의 감정을 나누고 자기편을 들어주고 자신을 이해해 주는 누군가가 옆에 있어 주기를 원했다.

이와 비슷하게 치료자는 내담자에게 "당신은 아내가 당신의 감정에 어떻게 반응해 주기를 원하나요?"라고 물을 수 있다. 아내가 그녀의 감정을 나누길 원하면서 그의 문제 해결 제안을 거부하여서 종종 화가 났던 남편은 역설적이게도 그 자신 또한 아내가 그를 좀 더 타당화해 주기를 원한다는 것을 인정하게 되었다. 이러한 대화는 자연스럽게 그의 아버지(엄격하고 비판적이고 정서적이지 않았던)가 어떻게 아들을 절대 타당화해 주지 않았는지, 이로 인해 그가 어떻게 자신의 감정이 중요하지 않다고 느끼게 되었는지에 대한 논의로 이어졌다. 그는 깊은 숙고 속에서, 아내와 상호작용하면서 어떻게 그의 아버지처럼 변해 왔는지 깨닫기 시작했다. 사실상 그 또한 아버지와 같은 반(反)타당화 믿음을 지니고 있었다. '만일 당신이 아내에게 그녀의 감정을 말할 수 있도록 격려하면 그녀는 끝도 없이 계속할 거예요. 감정을 듣고 타당화한다는 건 시간 낭비인 거죠. 당신은 단지 불평을 강화할 뿐이에요. 서두르세요. 문제를 해결하고 앞으로 나아가야 해요.' 이러한 반(反)정서적 믿음은 그의 아내와의 관계에서 이미 가장 중요한 부분이 되었다.

아내의 감정은 영원히 지속할 것이다, 그 감정은 이치에 닿지 않는다, 아내 말고는 누구도 그렇게 느끼지 않을 것이다, 혹은 아내는 이런 감정에 수치심이나 죄책감을 느껴야 한다는 믿음과 같이 또 다른 정서도식에 대한 탐색을 이어 나갈 수 있다. 손익분석, 이중표준 기법, 증거와 반대 증거 찾기 등의 기법을 사용하여 이러한 믿음을 검토할 수 있다. 친밀한 관계에서는 종종 한 배우자가 다른 배우자의 '감정 호주머니 속에 들어 있어서' 일종의 '감정 전염'이 일어난다. "남편이 어떤 감정을 느끼는 순간 저는 그걸 금방 포착해요." 배우자의 감정을 판단하거나 통제해야 할 필요성을 느끼지 않고, 그 감정에서 한걸음 뒤로 물러나서 그것을 관찰하고 수용하고 그것에 관심을 표현하는 것의 이점을 살펴볼 수 있다면 감정을 둘러싼 부부간의 긴장이 줄어들 수 있다.

타인의 정서에 대한 내담자의 정서도식을 평가하는 것에 더하여 치료자는 내담자가 타인의 감정에 대한 적응적인 전략을 개발할 수 있도록 도와줄 수 있다. 앞선 관찰에 근거하여 치료자는 (개인 내담자와 함께 혹은 부부치료라면 두 내담자와 함께) 내담자가 배우자의 감정 표현을 격려하고, 감정을 타당화하며, 표현된 감정을 세분화하고, 그 감정을 이해하며, 그 감정 경험을 수용하고, 연민을 끌어내고, 협력적인 문제 해결을 격려하도록 도울 수 있다.

30

정서도식에 대한 연구

정서도식, 과정 그리고 정신병리

정신병리에서 정서도식이 차지하는 역할, 정서도식의 매개 역할 및 정서도식치료의 효과성과 관련한 연구는 그 이론 모델과 정서도식치료의 효과를 지지한다. 정서도식에 대한 초기 연구에서 Leahy, Tirch 및 Melwani(2012)는 감정에 대해 더 큰 죄책감을 느끼고, 감정의 지속 시간이 더 길 것으로 기대하고, 반추를 더 많이 하고, 자신의 감정을 이해하기 힘들고 통제하기 힘들며 타인의 감정과 다른 것으로 볼수록 우울 수준이 더 심하다는 것을 발견하였다. 불안 수준은 감정에 대해 더 큰 죄책감을 느끼고, 감정에 대해 더 단순화한 견해를 지니고 있으며, 반추를 더 많이 하고, 자신의 감정을 이해하기 힘든 것으로 보고, 감정을 잘 수용하지 못하고, 자신의 감정을 통제하기 어렵고 타인의 감정과는 다른 것으로 바라보는 것과 상관관계를 보였다.

Silberstein, Tirch, Leahy 및 McGinn(2012)은 부정적인 정서
도식이 심리적 유연성의 부족 및 마음챙김 성향 척도의 낮은 점
수와 상관이 있음을 발견하였다. Tirch, Leahy, Silberstein 및
Melwani(2012)는 심리적 유연성, 마음챙김 성향 및 다양한 정서
도식을 예언 변인으로 사용한 회귀 분석을 수행하였는데, 감정
의 통제 가능성과 관련한 정서도식 차원이 불안을 가장 잘 예측
하는 것으로 나타났다. Leahy, Tirch 및 Melwani(2012)는 425명
의 환자를 대상으로 한 연구에서 위험 회피, 정서에 대한 부정적
믿음 및 낮은 심리적 유연성이 우울 수준과 그리고 서로 간에 유
의미한 상관이 있음을 보여 주었다. Riskind와 Kleiman(2012)은
'어렴풋이 나타나는 취약성'(looming vulnerability)의 인지 양식이
부정적 정서도식 및 통제 상실에 대한 두려움 척도에서의 높은
점수를 예측함을 보여 주었다.

Batmaz, Kaymak, Kocbiyik 및 Turkcapar(2014)는 166명의 단
극성 우울증 환자, 140명의 양극성 우울증 환자 및 151명의 건
강한 통제집단을 대상으로 한 연구에서 기분장애 집단은 'Leahy
정서도식 척도'(LESS)의 정서에 대한 단순화된 시각, 무감각, 합
리성, 반추, 높은 가치의 결여, 감정 통제의 결핍 차원에서 건강
한 통제집단과 유의미하게 다르다는 것을 발견하였다. Batmaz
와 Özdel(2015)은 457명의 정신건강의학과 환자들을 대상으
로 한 연구에서 부정적 정서도식이 우울 및 Wells 척도의 걱정
의 메타인지적 요인들과 상관이 있음을 보여 주었다. Sirota,
Moskovchenko, Yaltonsky, Kochetkov 및 Yaltonskaya(2013)는

200명의 러시아 환자들을 대상으로 한 연구에서 정서도식치료 모델의 예측과 일관되게 불안, 우울, 대인 민감성, 강박 증상, 인지적인 감정 조절 전략 및 초기 부적응적 도식이 부정적 정서도식과 상관이 있음을 보여 주었다.

Westphal, Leahy, Pala 및 Wupperman(2016)은 326명의 성인 정신건강의학과 환자들을 대상으로 한 연구에서 아동기 동안의 부모의 무관심은 자기자비 및 현재의 지각된 비타당화를 매개로 하여 성인기의 경계선 성격을 예측한다는 것을 발견하였다. 따라서 비타당화의 정서도식은 현재의 경계선 상태에 유의미한 기여 요인이고, 보고된 부모의 무관심 혹은 보고된 부모의 학대보다 더 강력한 예측 요인이다. Edwards, Micek, Mottarella 및 Wupperman(2017)은 '정서 이데올로기'(정서도식)가 초기 아동기 학대와 후기 감정인식불능증 사이의 관계를 매개한다는 것을 보여 주었다.

정서도식치료의 효과성

몇몇 연구는 정서도식치료가 불안, 우울, 외상 후 스트레스 장애 증상, 그리고 심리적 기능의 다양한 지표를 줄이는 데 효과가 있음을 보여 주었다. 각각 6년 및 8년 동안 범불안장애를 겪어 온 두 명의 성인 환자를 대상으로 한 검사-재검사 연구에서 Khaleghi 등(2017)은 10회기의 정서도식치료 후에 모든 불안 척도들(Penn-State 걱정 질문지, 메타인지 질문지, 벡 불안 척도, Hamilton 척도)의 점수가 현저하게 감소하고, 이러한 개선이 두 달 후에도 유지됨을 발견하였다. 부가적으로 치료를 마쳤을 때 거의 모든 정서도식에서 유의미한 향상이 있음을 확인하였다.

 Morvaridi, Mashhadi, Shamloo 및 Leahy(2019)는 24명의 성인 불안 환자를 정서도식 집단치료 집단과 대기자 통제집단으로 나누었다. 치료 집단의 환자들은 10회기의 치료를 받았다. 정서도식 척도, 정서 조절 척도(Emotion Regulation Scale)의 적응적 정서 조절 전략(억제와 재평가), Wells(1994)의 불안 사고 척도(Anxious Thoughts Inventory: AnTI) 등 모든 측정치에서 유의미한 향상이 나타났다. 특히 AnTI의 범불안장애, 사회불안 및 건강불안 하위 척도 점수가 치료의 결과로 유의미하게 변화하였다. 부가적으로 정서도식 척도의 모든 차원에서 향상이 나타났다.

 Rezaee, Ghadampur 및 Kazemi(2016), 그리고 Rezaee, Ghazanfari 및 Rezaee(2016)는 정서도식치료가 우울증이 있는 사람들에게 반추와 같은 부정적 정서도식을 줄이는 데 효과가 있음을 발견하였다. 이와 비슷하게 Daneshmandi, Izadikhah, Kazemi 및 Mehrabi(2014)는 정서도식치료가 '죄책감' 및 '정서에 대한 단순화된 시각' 정서도식의 감소를 가져오고, '감정 수용' 정서도식의 증가를 가져옴을 발견하였다. 그들은 이 치료가 아동 학대와 방임의 희생자였던 여성의 어떤 정서도식을 수정하는 데 효과적인 치료로 사용될 수 있다고 제안하였다. Naderi, Moradi, Hasani 및 Noohi(2015)는 정서도식치료가 외상 후 스트레스 장애를 지닌 퇴역 군인들의 인지 조절 전략에 효과적인지를 연구하였는데, 정서도식치료가 부정적 정서도식을 줄이고 정서 조절 전략을 향상시키는 데 효과가 있음을 보여 주었다.

참고문헌

Aldao, A., & Nolen-Hoeksema, S. (2010). Specificity of cognitive emotion regulation strategies: A transdiagnostic examination. *Behaviour Research and Therapy*, 48(10), 974–983.

Batmaz, S., & Özdel, K. (2015). Psychometric properties of the Turkish version of the Leahy Emotional Schema Scale-II. *Anatolian Journal of Psychiatry/Anadolu Psikiyatri Dergisi*, 16(1), 23–30.

Batmaz, S., Kaymak, S. U., Kocbiyik, S., & Turkcapar, M. H. (2014). Metacognitions and emotional schemas: A new cognitive perspective for the distinction between unipolar and bipolar depression. *Comprehensive Psychiatry*, 55(7), 1546–1555.

Beck, A. T., Rush, I. A., Shaw, B. F., & Emery, G. (1979). *Cognitive therapy of depression*. New York: Guilford.

Bonanno, G. A. (2009). *The other side of sadness: What the new science of bereavement tells us about life after loss*. New York: Basic Books.

Bowlby, J. (1968). *Attachment and loss: I. Attachment*. London: Hogarth.

Bowlby, J. (1973). *Attachment and loss: II. Separation*. London: Hogarth.

Buss, D. M., Larsen, R. J., Westen, D., & Semmelroth, J. (1992). Sex differences in jealousy: Evolution, physiology, and psychology. *Psychological Science*, 3(4), 251–256.

Clark, D. A. (Ed.). (2005). *Intrusive thoughts in clinical disorders: Theory, research, and treatment*. New York: Guilford.

Daneshmandi, S., Izadikhah, Z., Kazemi, H., & Mehrabi, H. (2014). The effectiveness of emotional schema therapy on emotional schemas of female victims of child abuse and neglect. *Journal of Shahid Sadoughi University of Medical Sciences*, 22(5), 1481–1494.

Darwin, C. (1872/1965). *The expression of the emotions in man and animals.* Chicago, IL: University of Chicago Press.

Davidson, O., & Neff, K. (2016). Self-compassion: Embracing suffering with kindness. In I. Ivtzan & T. Lomas (Eds.), *Mindfulness in positive psychology* (pp. 47–60). New York: Routledge.

Diedrich, A., Grant, M., Hofmann, S. G., Hiller, W., & Berking, M. (2014). Self-compassion as an emotion regulation strategy in major depressive disorder. *Behaviour Research and Therapy, 58,* 43–51.

Dweck, C. S. (2006). *Mindset: The new psychology of success.* New York: Random House.

Edwards, E. R., Micek, A., Mottarella, K., & Wupperman, P. Emotion ideology mediates effects of risk factors on alexithymia development. *Journal of Rational-Emotive & Cognitive-Behavior Therapy, 35*(3), 1–24.

Eisenberg, N., & Fabes, R. A. (1994). Mothers' reactions to children's negative emotions: Relations to children's temperament and anger behavior. *Merrill-Palmer Quarterly, 40*(1), 138–156.

Eisenberg, N., Fabes, R. A., & Murphy, B. C. (1996). Parents' reactions to children's negative emotions: Relations to children's social competence and comforting behavior. *Child Development, 67*(5), 2227–2247.

Elias, N. (1939/1969). *The civilizing process, Vol. I. The history of manners.* Oxford, UK: Blackwell.

Frattaroli, J. (2006). Experimental disclosure and its moderators: A meta-analysis. *Psychological Bulletin, 132*(6), 823.

Frederick, S., Loewenstein, G., & O'Donoghue, T. (2002). Time discounting and time preference: A critical review. *Journal of Economic Literature, 40*(2), 351–401.

Fredrickson, B. L., & Kahneman, D. (1993). Duration neglect in retrospective evaluations of affective episodes. *Journal of Personality and Social Psychology, 65*(1), 45.

Geertz, C. (1973). *The interpretation of cultures.* New York: Basic Books.

Gilbert, P. (2009). *The compassionate mind.* London: Constable.

Gilbert, P., & Andrews, B. (Eds.). (1998). *Shame: Interpersonal behavior, psychopathology, and culture.* London: Oxford University Press.

Gilbert, P., & Irons, C. (2004). Compassionate mind training, for shame and self-attacking, using cognitive, behavioural, emotional and imagery interventions. In P. Gilbert (Ed.), *Compassion: Conceptualisations research and use in psychotherapy* (pp. 263–325). London: Brunner Routledge.

Gottman, J. M., Katz, L. F., & Hooven, C. (1996). Parental meta-emotion philosophy and the emotional life of families: Theoretical models and preliminary data. *Journal of Family Psychology, 10*(3), 243–268.

Greenberg, L. S. (2002). *Emotion-focused therapy.* Washington, DC: APA Press.

Hames, J. L., Hagan, C. R., & Joiner, T. E. (2013). Interpersonal processes in depression. *Annual Review of Clinical Psychology, 9,* 355–377.

Hayes, S. C. (2004). Acceptance and commitment therapy, relational frame theory and the third wave of behavioral and cognitive therapies. *Behavior Therapy, 35*(6), 639–665.

Hayes, S. C., & Hofmann, S. (2018). *Process-based CBT: The science and core clinical competencies of cognitive behavioral therapy.* Context Press.

Hayes, S. C., Strosahl, K. D., & Wilson, K. G. (2011). *Acceptance and commitment therapy: The process and practice of mindful change.* New York: Guilford.

Heider, F. (1958). *The psychology of interpersonal relations.* Hoboken, NJ: Wiley & Sons.

Hofmann, S. G. (2015). *Emotion in therapy: From science to practice.* Guilford: New York.

Iyengar, S. S., Wells, R. E., & Schwartz, B. (2006). Doing better but feeling worse: Looking for the "best" job undermines satisfaction. *Psychological Science, 17*(2), 143–150.

Joiner, T. E. (2000). Depression's vicious scree: Self-propagating and erosive processes in depressive chronicity. *Clinical Psychology: Science and Practice, 7*(2), 203–218.

Kaplan, R. L., Levine, L. J., Lench, H. C., & Safer, M. A. (2016). Forgetting feelings: Opposite biases in reports of the intensity of past emotion and mood. *Emotion, 16*(3), 309.

Katz, L. F., Gottman, J. M., & Hooven, C. (1996). Meta-emotion philosophy and family functioning: Reply to Cowan (1996) and Eisenberg (1996). *Journal of Family Psychology, 10*(3), 284-291.

Kelly, A. C., Zuroff, D. C., Foa, C. L., & Gilbert, P. (2010). Who benefits from training in self-compassionate self-regulation? A study of smoking reduction. *Journal of Social and Clinical Psychology, 29*(7), 727-755.

Keltner, D., & Harker, L. (1998). The forms and functions of the nonverbal signal of shame. In P. B. Gilbert (Ed.), *Shame: Interpersonal behavior, psychopathology, and culture* (pp. 78-98). Oxford, UK: Oxford University Press.

Khaleghi, M., Leahy, R. L., Akbari, E., Mohammadkhani, S., Hasani, J., & Tayyebi, A. (2017). Emotional schema therapy for generalized anxiety disorder: A single-subject design. *International Journal of Cognitive Therapy, 10*(4), 269-282.

Kohut, H. (1977). *The restoration of the self*. New York: International Universities Press.

Leahy, R. L. (2001). *Overcoming resistance in cognitive therapy*. New York: Guilford.

Leahy, R. L. (2005). A social cognitive model of validation. In P. Gilbert (Ed.), *Compassion: Conceptualisations, research and use in psychotherapy* (pp. 195-217). London: Brunner-Routledge.

Leahy, R. L. (2010). *Beat the blues before they beat you: How to overcome depression*. New York: Hayhouse.

Leahy, R. L. (2012). *Leahy Emotional Schema Scale II (LESS II)*. Unpublished manuscript, American Institute for Cognitive Therapy.

Leahy, R. L. (2015). *Emotional schema therapy*. New York: Guilford.

Leahy, R. L. (2018). *The jealousy cure: Learn to trust, overcome possessiveness, and save your relationship*. New York: New Harbinger.

Leahy, R. L., Tirch, D. D., & Melwani, P. S. (2012). Processes underlying depression: Risk aversion, emotional schemas, and psychological flexibility. *International Journal of Cognitive Therapy, 5*(4), 362–379.

Leahy, R. L., Tirch, D., & Napolitano, L. A. (2011). *Emotion regulation in psychotherapy: A practitioner's guide.* New York: Guilford.

LeDoux, J. E. (2017). Semantics, surplus meaning, and the science of fear. *Trends in Cognitive Sciences, 21*(5), 303–306.

LeDoux, J. E., & Brown, R. (2017). A higher–order theory of emotional consciousness. *PNAS, 114*(10), E2016–E2025.

Levine, L. J., Lench, H. C., & Safer, M. A. (2009). Functions of remembering and misremembering emotion. *Applied Cognitive Psychology, 23*(8), 1059–1075.

Levy, R. I. (1975). *Tahitians: Mind and experience in the society islands.* Chicago, IL: University of Chicago Press.

Linehan, M. (1993). *Cognitive-behavioral treatment of borderline personality disorder.* New York: Guilford.

Lutz, T. (1999). *Crying: The natural and cultural history of tears.* New York: W.W. Norton.

Mancini, A. D., Bonanno, G. A., & Clark, A. E. (2011). Stepping off the hedonic treadmill: Individual differences in response to major life events. *Journal of Individual Differences, 32*(3), 144–152.

Morvaridi, M., Mashhadi, A., Shamloo, Z. S., & Leahy, R. L. (2019). The Effectiveness of Group Emotional Schema Therapy on Emotional Regulation and Social Anxiety Symptoms. *International Journal of Cognitive Therapy, 12*(1), 16–24.

Naderi, Y., Moradi, A., Hasani, J., & Noohi, S. (2015). Effectiveness of emotional schema therapy on cognitive emotion regulation strategies of combat–related post–traumatic stress disorder veterans. *Iranian Journal of War and Public Health, 7*(3), 147–155.

Neff, K. (2003). Self–compassion: An alternative conceptualization of a healthy attitude toward oneself. *Self and Identity, 2*(2), 85–101.

Pallini, S., Chirumbolo, A., Morelli, M., Baiocco, R., Laghi, F., & Eisenberg, N. (2018). The relation of attachment security status to effortful self–regulation: A meta–analysis. *Psychological Bulletin,*

144, 501–531.

Parker, A. M., De Bruin, W. B., & Fischhoff, B. (2007). Maximizers versus satisficers: Decision-making styles, competence, and outcomes. *Judgment and Decision-making, 2*(6), 342–350.

Pennebaker, J. W. (1997). Writing about emotional experiences as a therapeutic process. *Psychological Science, 8*(3), 162–166.

Rachman, S., & Shafran, R. (1999). Cognitive distortions: Thought-action fusion. *Clinical Psychology & Psychotherapy. Special Issue: Metacognition and Cognitive Behaviour Therapy, 6*(2), 80–85.

Reddy, W. M. (2001). *The navigation of feeling: A framework for the history of emotions.* Cambridge, UK: Cambridge University Press.

Rezaee, M., Ghadmpur, E., & Kazemi, R. (2016). Effectiveness of emotional schema therapy on rumination and severity of depression in patients with major depressive disorder. *Journal of Clinical Psychology, 7*(4), 45–58.

Rezaee, M., Ghazanfari, F., & Rezaee, F. (2016). Effectiveness of emotional schema therapy on severity of depression and rumination in people with major depressive disorder. *Journal of Shahid Sadoughi University of Medical Sciences and Health Services, 24*(1), 41–54.

Riskind, J. H., & Kleiman, E. M. (2012). Looming cognitive style, emotion schemas, and fears of loss of emotional control: Two studies. *International Journal of Cognitive Therapy, 5*(4), 392–405.

Rosaldo, M. Z. (1980). *Knowledge and passion.* Cambridge, UK: Cambridge University Press.

Rosenwein, B. H. (2007). *Emotional communities in the early middle ages.* Ithaca, NY: Cornell University Press.

Russell, B. (1930/2006). *The conquest of happiness.* Abingdon, UK: Routledge.

Safer, M. A., Levine, L. J., & Drapalski, A. L. (2002). Distortion in memory for emotions: The contributions of personality and post-event knowledge. *Personality and Social Psychology Bulletin, 28*(11), 1495–1507.

Schwartz, B., Ward, A., Monterosso, J., Lyubomirsky, S., White, K., & Lehman, D. R. (2002). Maximizing versus satisficing: Happiness is a matter of choice. *Journal of Personality and Social Psychology, 83*(5), 1178–1197.

Segal, Z. V., Williams, J. M. G., & Teasdale, J. D. (2002). *Mindfulness-based cognitive therapy for depression: A new approach to preventing relapse.* New York, NY: Guilford.

Silberstein, L. R., Tirch, D. D., Leahy, R. L., & McGinn, L. (2012). Mindfulness, psychological flexibility and emotional schemas. *International Journal of Cognitive Therapy, 5*(4), 406–419.

Simon, H. A. (1955). A behavioral model of rational choice. *The Quarterly Journal of Economics, 69*(1), 99–118.

Simon, H. A. (1956). Rational choice and the structure of the environment. *Psychological Review, 63*(2), 129–138.

Simon, H. A. (1972). Theories of bounded rationality. In C. B. McGuire & R. Radner (Eds.), *Decision and organization* (pp. 161–176). Amsterdam, Netherlands: Elsevier.

Simon, H. A. (1978). Rationality as process and as product of thought. *The American Economic Review, 68*(2), 1–16.

Sirota, N., Moskovchenko, D., Yaltonsky, V., Kochetkov, Y., & Yaltonskaya, A. (2013). Psychodiagnostics of emotional schemas: The results of transcultural adaptation and assessment of psychometric properties of Russian version of Leahy Emotional Schema Scale II (LESS II_RUS). *VM Bekhterev Review of Psychiatry and Medical Psychology, 77*(1), 66–71.

Stearns, P. N. (1989). *Jealousy: The evolution of an emotion in American history.* New York: New York University Press.

Stearns, P. N. (1994). *American cool: Constructing a twentieth-century emotional style.* New York: New York University Press.

Tirch, D. D., Leahy, R. L., Silberstein, L. R., & Melwani, P. S. (2012). Emotional schemas, psychological flexibility, and anxiety: The role of flexible response patterns to anxious arousal. *International Journal of Cognitive Therapy, 5*(4), 380–391.

Trivers, R. (1972). Parental investment and sexual selection. In B. Campbell (Ed.), *Sexual selection and the descent of man* (pp. 136–179). Piscataway, NJ: Transaction.

Trivers, R. L. (1974). Parent-offspring conflict. *Integrative and Comparative Biology, 14*(1), 249-264.

Ullrich, P. M., & Lutgendorf, S. K. (2002). Journaling about stressful events: Effects of cognitive processing and emotional expression. *Annals of Behavioral Medicine, 24*(3), 244-250.

Unamuno, M. (1921). *Tragic sense of life.* Mineola, NY: Dover.

van Hemert, D. A., van de Vijver, F. J., & Vingerhoets, A. J. (2011). Culture and crying: Prevalences and gender differences. *Cross-Cultural Research, 45*(4), 399-431.

Weber, M. (1930). *The Protestant ethic and the spirit of capitalism.* Boston, MA: Unwin Hyman.

Weiner, B. (1986). *An attributional theory of motivation and emotion.* New York: Springer.

Wells, A. (1994). A multi-dimensional measure of worry: Development and preliminary validation of the anxious thoughts inventory, Anxiety, Stress, & Coping: An International Journal, *6*(4), 289-299.

Wells, A. (2000). Emotional disorders and metacognition: Innovative cognitive therapy. New York: John Wiley & Sons.

Wells, A. (2007). Cognition about cognition: Metacognitive therapy and change in generalized anxiety disorder and social phobia. *Cognitive and Behavioural Practice, 14*(1), 18-25.

Wells, A. (2008). *Metacognitive therapy for anxiety and depression.* New York: Guilford.

Westphal, M., Leahy, R. L., Pala, A. N., & Wupperman, P. (2016). Self-compassion and emotional invalidation mediate the effects of parental indifference on psychopathology. *Psychiatry Research, 242*, 186-191.

Wilson, T. D., & Gilbert, D. T. (2003). Affective forecasting. *Advances in Experimental Social Psychology, 35*, 345-411.

Wilson, T. D., Wheatley, T., Meyers, J. M., Gilbert, D. T., & Axsom, D. (2000). Focalism: A source of durability bias in affective forecasting. *J Pers Soc Psychol, 78*(5), 821-836.

찾아보기

▮인 명▮

┃내용┃

저자 소개

로버트 L. 리히(Robert L. Leahy)

로버트 L. 리히 박사는 행동 및 인지치료 협회, 국제 인지적 심리 치료 협회, 인지치료 아카데미의 회장을 역임하였고 현재는 미국 인지치료 연구소의 소장 및 웨일 코넬 대학교 의과대학 정신 건강의학과의 심리학 임상교수로 재직하고 있다. 그는 아론 벡 (Aaron T. Beck) 상을 수상하였고, 『The journal of cognitive psychotherapy』와 『The international journal of cognitive therapy』의 편집자로 활동하고 있다. 그의 연구는 정서 조절의 개인차에 초점을 맞추고 있으며, 『Emotion regulation in psychotherapy: A practitioner's guide』 『Treatment plans and interventions for depression and anxiety disorders』 『Treatment plans and interventions for bulimia and binge-eating disorder』 등의 많은 저작을 남겼다. 최근에는 질투, 무료함, 저항을 주제로 많은 연구 논문과 전문 서적, 대중 서적을 출간하였다.

역자 소개

김은진(Kim, Un-jin)
서강대학교 영어영문학과 학사(심리학 부전공)
연세대학교 심리학과 석사(상담심리학 전공)
성신여자대학교 심리학과 박사(임상심리학 전공)
현 마음사랑인지행동치료센터 책임상담원
　　아주대학교, 성신여자대학교 출강
　　상담심리전문가(한국상담심리학회)
　　인지행동치료전문가(한국인지행동치료학회)

민병배(Min, Byoung-bae)
서울대학교 심리학과 학사, 석사, 박사(임상·상담심리학 전공)
서울대학교병원 임상심리연수원 과정 수료
한국임상심리학회 회장 역임
한국인지행동치료학회 회장 역임
용문상담심리대학원대학교 총장 역임
현 마음사랑인지행동치료센터 소장
　　임상심리전문가(한국임상심리학회)
　　정신보건임상심리사 1급(보건복지부)
　　인지행동치료전문가(한국인지행동치료학회)

저서 『강박성 성격장애』(학지사, 2016)
　　『의존성 성격장애와 회피성 성격장애』(학지사, 2016)
　　『최신 임상심리학』(사회평론아카데미, 2019)
역서 『성격장애의 인지치료』(학지사, 2008)
　　『마음에서 빠져나와 삶 속으로 들어가라』(학지사, 2010)
　　『인지치료와 정서장애』(학지사, 2017)

인지행동치료
13 스펙트럼 시리즈

COGNITIVE
BEHAVIOR
THERAPIES

정서도식치료
Emotional Schema Therapy

2020년 9월 15일 1판 1쇄 발행
2024년 1월 25일 1판 2쇄 발행

지은이 • Robert L. Leahy
옮긴이 • 김은진 · 민병배
펴낸이 • 김진환
펴낸곳 • (주) **학지사**

04031 서울특별시 마포구 양화로 15길 20 마인드월드빌딩
대표전화 • 02)330-5114   팩스 • 02)324-2345
등록번호 • 제313-2006-000265호

홈페이지 • http://www.hakjisa.co.kr
인스타그램 • https://www.instagram.com/hakjisabook

ISBN 978-89-997-2184-7 93180

정가 13,000원

역자와의 협약으로 인지는 생략합니다.
파본은 구입처에서 교환해 드립니다.

출판미디어기업 **학지사**

간호보건의학출판 **학지사메디컬** www.hakjisamd.co.kr
심리검사연구소 **인싸이트** www.inpsyt.co.kr
학술논문서비스 **뉴논문** www.newnonmun.com
교육연수원 **카운피아** www.counpia.com